강조의 난亂

강조의 난亂

발행일	2017년 3월 15일

지은이	우 재 훈		
펴낸이	손 형 국		
펴낸곳	(주)북랩		
편집인	선일영	편집	이종무, 권유선, 송재병, 최예은
디자인	이현수, 이정아, 김민하, 한수희	제작	박기성, 황동현, 구성우
마케팅	김회란, 박진관		
출판등록	2004. 12. 1(제2012-000051호)		
주소	서울시 금천구 가산디지털 1로 168, 우림라이온스밸리 B동 B113, 114호		
홈페이지	www.book.co.kr		
전화번호	(02)2026-5777	팩스	(02)2026-5747

ISBN	979-11-5987-409-3 03910(종이책)	979-11-5987-410-9 05910(전자책)

이 도서의 국립중앙도서관 출판예정도서목록(CIP)은 서지정보유통지원시스템 홈페이지(http://seoji.nl.go.kr)와
국가자료공동목록시스템(http://www.nl.go.kr/kolisnet)에서 이용하실 수 있습니다.
(CIP제어번호 : CIP2017006356)

강조의 난 亂

고려와의 전쟁에 요나라의 전력을 쏟아 부었을뿐만 아니라
자신이 진두지휘를 하며 직접 나섰을 정도로 성종은 확실히
정복군주로서의 면모를 유감없이 드러내왔다
우왕이나 창왕과 같이 고려 말의 왕들은 조선의 건국에 대한
정당성을 부여하기 위해 인위적으로 신우와 신창이라는
공민왕이 아닌 신돈의 자식이라는 정치적 굴레가 지워졌다는
사실은 어느 정도 알려져 있다나는 강조도 마찬가지로 사후에
정치적으로 배장된 것이라는 생각을 강하게 가지고 있다

고려 내란음모 사건에
관한 놀라운 비밀이
천년 만에 밝혀진다!

멀리 서경에 있는 아들에게 이 사실을 알리고자 집안의 발 빠른 종
하나를 묘향산 중으로 가장시켜 묘향산으로 돌아가는 것이라고
거짓말을 하라고 하고는 최대한 신속하게 비밀편지를 전달토록
했던 것이다 말 악독한 마음만 먹는다면 그는 전체 병력을 이끌고
수도 개경을 말 그대로 휩쓸어버릴 수도 있었을 것이다
왕과의 의리를 지키기 위해 이 병력을 다 동원할 수는 없는
노릇이었다
만약 일이 잘못 된다 하더라도 그에게 남은 것은 이제 그것이 결국
자신이 한 결정의 결과라고 스스로를 탓하는 것뿐이었다

우재훈 지음

북랩 book Lab

우리는 역사에서 교훈을 얻고 현재를 재해석하며 미래에 대한 준비를 합니다. 과거는 오늘날 우리가 처한 현실을 또 다른 시각에서 바라볼 수 있게 해주며 미처 보지 못하는 현실을 반추해볼 수 있게 해주는 거울과 같은 역할을 해줍니다. 이를 통해 우리는 좀 더 나은 미래를 대비할 수 있는 지혜와 노하우를 얻을 수가 있는 것입니다. 우리가 역사를 공부하거나 혹은 최소한 역사를 읽어볼 만한 가치는 그것에 있습니다.

지금으로부터 1천 년 전 고려왕조가 개창한 지 겨우 100년도 채 지나지 않은 시점에서 두 인물의 대결이 펼쳐졌습니다. 둘의 공통점은 둘 다 새로운 고려를 만들어내겠다는 꿈을 가졌다는 것이고, 이 둘의 차이점은 그 주역이 누가 될 것인지에 있었습니다. 역사는 좀 더 정치적으로 영리했던 이의 손을 들어주었고, 그가 고려의 제8대 국왕 현종 왕순(王詢)입니다.

경쟁에서 패한 이는 어떻게 되었을까요? 2년도 채 안 되는 기간 동안 고려를 여러 방면에서 개혁시키고자 동분서주하였던 그는 고려와 거란 간 3번의 대전 중 두 번째 전쟁에서 포로로 붙잡혀 항복을 거부하다가 가혹한 고문 끝에 비극적인 죽음을 맞이하게 됩니다. 고려의 최고권력자로 등극하였던 이 치고는 비참한 결말입니다만, 그가 방향을 세운 고려의 지향점은 그의 죽음에도 불구하고 거의 그대로 진행되게 됩니다.

그의 이름이 바로 강조(康兆)입니다. 쿠데타를 통해 실권을 쥐고 무소불위의 권력을 부리다가 전쟁에서 패하여 죽은 자로 역사에는 기록되어 있습니다. 팩트만 봐서는 그렇게 보일 여지가 충분합니다. 다만 그 팩트를 기록한 이의 편향된 시각은 주의해서 바라볼 필요가 있습니다. 이를 기록한 주체가 곧 경쟁에서의 승자였던 현종이자 그의 아들들이기 때문입니다.

정치 개혁, 왕조 개혁, 문화 개혁, 군사 개혁 등 짧은 시간 동안 역동적인 개혁 드라이브를 펼쳤던 강조는 권력에 대한 강한 열망을 지녔던 정치인 현종에게 결국엔 패하고 맙니다. 정치적 승자인 현종은 강조의 도움으로 왕위에 오르긴 하였지만 쿠데타를 통해 전왕을 시해하고 왕위를 계승하였다는 정당성의 문제와 자신에게 집중되지 못하고 각 세력들과 나눠야 했던 권력에 대한 문제를 해결할 필요성을 느끼고는 시간을 들여 차츰 권력을 오롯이 자신의 것으로 만드는 작업을 합니다.

그러한 노력의 결과로 현종은 유일한 지존의 자리를 굳건히 만들고 고려왕조를 튼튼히 만드는 데 성공합니다. 외침과 내란을 이겨내가면서 그는 점점 더 강인해집니다. 강력한 왕권이야말로 강력한 고려를 만드는 성공의 열쇠라고 믿었던 그의 뜻대로 된 것입니다.

다만 그의 정책적 지향점은 많은 부분 강조의 색채를 지워내긴 하였지만 궁극적으로는 그가 설정한 길에서 크게 벗어나지는 못하였습니다. 그 사실을 모를 리 없는 현종이 할 수 있었던 가장 근본적인 대처는 강조라는 존재를 역사책에서 지우는 것이었습니다.

역사는 오늘날의 우리에게 많은 교훈과 지혜를 주는 좋은 텍스트이지만, 한편으로는 있는 그대로 받아들였다가는 치명적인 독이 되기도 하는 그런 양면성을 지니고 있습니다. 우리가 할 일은, 누군가가 의도적으로 감춘 역사적 진실을 파헤쳐서 깨우치고 그들과 같은 인간 군상들이 갖은 역경과 고난 속에서 어떻게 이를 헤치고 역사의 전면에 나와서 역사를 만들고 바꾸고 이뤄낼 수 있었는지를 배워야 하는 것입니다.

둘 다 고려 사회를 혁신하고자 하는 같은 꿈을 꾸었으면서도 접근 방식의 차이가 어떤 결과를 가져오는지 살펴보고, 우리 역시 그들로부터 오늘날 이 세상을 어떻게 바꿔나갈 수 있을지 작은 팁을 얻는 것이 우리의 역할이 아닐까 합니다. 그래서 역사는 우리에게 언제나 좋은 길잡이이자 유익한 텍스트가 되어준다는 사실을 기억하면서, 한번 이 두 인물의 짧지만 깊이 있는 협력과 대결의 역사를 살펴보고자 합니다.

　　한참 추위가 거세어지던 1010년의 겨울 11월 24일. 고려군 최고지휘관 강조(康兆)와 부지휘관 이현운(李鉉雲) 등 고려의 지휘관들이 대거 거란 군에 포로로 잡혀 40세의 요나라 황제 성종 앞으로 끌려나왔다.

　　성종 야율융서(耶律隆緖, 971~1031, 재위 982~1031)는 요나라의 제6대 황제로 송나라를 침공하여 적극적인 군사작전을 통해 송나라 측의 사실상의 굴복을 이끌어내 '전연의 맹약(澶淵之盟)'이라는 역사적으로 유명한 화평조약을 맺은 장본인이었다. 우리에게는 동경유수(東京留守) 소손녕(蕭遜寧)과 고려 재상 서희의 외교 담판으로 잘 알려진 993년의 제1차 거란-고려 전쟁도 그의 작품이었다.

　　이번의 두 번째 고려 침공은 당대 동아시아 최대 규모의 전쟁이었다. 요나라는 이 전쟁을 위해 무려 40만 명의 병사를 동원하였고 고려 역시 강조의 총지휘 아래 전국적으로 징발한 30만 명을 방어전에 투입하였는데, 이는 불과 6년 전 거란 군이 송나라를 침공하였을 때의 20만 명에 비해서도 압도적인 규모였다.

이번 고려와의 전쟁에 요나라의 전력을 쏟아 부었을뿐만 아니라 자신이 진두지휘를 하며 직접 나섰을 정도로 성종은 확실히 정복군주로서의 면모를 유감없이 드러내왔다. 그렇기에 바로 앞에 잡혀온 이들 고려인 포로들의 목숨은 경각에 달려 있는 셈이었다. 그런데 그는 예상치 못한 행동을 보였다. 강조의 포박을 풀어주면서 의외로 부드럽게 말을 건네었다.

"나에게 항복하여 신하가 되는 건 어떻겠는가?"

고려군의 최고지휘관이었던 만큼 강조가 갖는 가치는 분명 컸을 것이다. 아니면 성종의 눈에는 특별히 강조라는 인물이 가진 인간적 매력이 느껴졌던 것은 혹 아닐까. 이 절체절명의 순간 대답 하나에 자신의 목숨이 걸려 있다는 것을 강조도 잘 알고 있었다. 하지만 그는 망설임이 없었다.

"나는 고려의 사람인데 어찌 네놈의 신하가 될 수 있겠느냐!"

성종은 단념하지 않고 다시 똑같은 질문을 하였지만, 강조의 대답은 변함이 없었다. 자부심 강한 인물이었던 성종도 결국 강하게 나갔다. 칼로 강조의 살을 베어내게 하면서 재차 같은 질문을 던졌지만, 강조는 끝까지 자신은 고려인이라는 같은 말만을 외칠 뿐이었다. 이런 독종에는 성종도 질렸는지 이번에는 옆에 같이 묶여 있던 이현운에게 동일한 질문을 던져보았다. 이현운은 마치 기다렸다는 듯이 즉각 대답했다.

"제 두 눈으로 이미 새로운 하늘을 보았는데 어찌 똑같은 마음으로 옛 고향을 생각하겠습니까?"

한 마디로 살기 위해서 온몸으로 거란에 투항하겠다는 자기 선언이었다. 이를 곁에서 들은 강조가 순간 분을 못 이기고 그런 이현운을 발로 걷어차며 소리쳤다. 자신과 지금까지 고려 사회의 개혁을 위해 같이 발로 뛰어온 직속부하이자 가장 가까운 동지였던 자의 예기치 못한 막판 배신에 진심으로 분노한 것이었다.

"너는 고려 사람인데 지금 무슨 소리를 하는 것이냐!"

날 때부터 죽을 때까지 고려인이라는 긍지를 잊지 않은 진정한 애국자 강조의 기개였다. 강조는 결국 설득하기를 포기한 거란 군에 의해 죽임을 당했다. 자신의 뜻과 상관없이 진행된 쿠데타를 거쳐 고려사회 최고의 위치까지 비상하였다가 불과 2년도 채 못 채우고 다시 순식간에 인생의 나락까지 떨어진 한 인물의 비극적인 결말이었다.

그러나 국가 반역자이자 국왕 시해자라는 극히 치욕적인 오명으로도 그의 애국심만은 결코 가릴 수 없었던지, 그에 대한 다른 기록들은 대부분 삭제되거나 수정되었음에도 불구하고 이 기록만큼은 이후 그의 정적들이 고려 조정을 사실상 지배하고 있었지만 다행히 기적적으로 살아남게 되어 오늘날의 우리들에게 그의 진심을 전해 주고 있다.

당대의 표현방식으로는 '경술년의 변(變)', 오늘날에는 '강조의 정변'으로 불리는 역사적 사건이 있다. 전쟁에서의 패장이자 심지어 쿠데타까지 일으킨 반역자에 대해서는 결코 너그러울 수 없었던 역사기록 탓에 그다지 많이 알려지지 않은 인물이어서 보통은 강조가 누구인지 잘 모르겠지만, 그의 전후로 세 치의 혀로 통상 80만 거란군을 물러가게 하였던 제1차 거란-고려 전쟁의 서희와 10만 거란 군을 섬멸시킨 제3차 전쟁의 강한찬(흔히 강감찬으로 잘못 알고 있는)은 널리 알려져 있다.

강조는 거란과 고려 간의 세 차례 대규모의 전쟁 중 두 번째 전쟁의 빌미가 된 인물로, 전왕인 목종을 시해하고 현종을 옹립하는 쿠데타를 일으켰으며 이후 2년 가까이 고려의 정권을 손에 쥐고 흔든 권세가로 당시의 역사서에는 기록되어 있다. 왕을 죽이고 정권을 농단한 인물이라고 하니 오로지 결과만 놓고 보면 당연히 이미지가 그리 좋을 리 만무하다.

고려 역사를 살펴볼 때 가장 기본이 되는 텍스트로『고려사』가 있다. 이 『고려사』는 사마천의 사기와 같이 소위 '기전체(紀傳體)' 방식으로 구성이 되어 있는데, 기전체는 곧 군주들의 역사를 담은 '본기(本紀)'와 제후 등 주요 인물들의 생애를 적은 '열전(列傳)'의 준말이다. 즉 『고려사』도 마찬가지로 본기와 열전이 존재하며, 이 중 열전은 그 특성상 다양한 인물들의 각 평가가 반영될 수밖에 없기에 그 평가에 따라 양리(良史), 충의(忠義), 혹리(酷史), 간신(奸臣), 반역(叛逆) 등으로 구분되어 있다. 예상했겠지만 이중 「반역」 열전에 강조가 속해 있다.

< 고려사 - 문화재청 >

우왕이나 창왕과 같이 고려 말의 왕들은 조선의 건국에 대한 정당성을 부여하기 위해 인위적으로 신우와 신창이라는, 공민왕이 아닌 신돈의 자식이라는 정치적 굴레가 지워졌다는 사실은 어느 정도 알려져 있다. 나는 강조도 마찬가지로 사후에 정치적으로 매장된 것이라는 생각을 강하게 가지고 있다. 나중에 다시 보겠지만, 쿠데타 직전에 보여준 솔직한 인간적 고뇌, 집권 이후 고려 사회의 개혁에 나선 행정가로서의 면모, 그리고 고려인으로서의 강한 자의식과 국

가에 대한 진실된 애국심 등은 왠지 그에 대한 악의적인 역사적 평가가 꼭 사실 그대로를 말해주고 있는 것은 아닌 것 같다는 느낌을 준다.

강조와 떼려야 뗄 수 없는 정치적 파트너 관계였던 현종의 집권 초기에 거란 군의 침입으로 개경이 불타고 그 와중에 당시까지 보관되어 오던 고려왕조실록의 기초자료들이 다 같이 불타버리는 사고가 있었다. 전쟁이 끝난 다음 다시 역사기록을 복원하긴 하였으나 불행히도 모든 자료를 되살려낼 수는 없었을 게 당연하고, 따라서 그 여파로 오늘날 우리는 강조라는 한 인간에 대한 구체적인 정보를 얻기가 무척 어려운 상황이다.

하지만 조금만 다른 시각에서 살펴본다면 강조에 대한 자료들이 인위적으로 삭제된 것은 아닌가 하는 음모론이 있을 수 있다. 고대 로마 사회에서는 '담나티오 메모리아이(Damnatio Memoriae)', 우리말로 옮기자면 기록말살형이라는 형벌이 존재했는데, 강조 시대에 실제로 그러한 방식의 처벌이 있었는지는 알 수 없으나 일종의 기록말살형처럼 그에 대한 온갖 정보들이 고의적으로 삭제되어버린 것은 아닌지 의심을 지울 수가 없다.

나중에 다시 언급하겠지만, 강조의 나이나 가족관계, 살아온 인생 그 어느 것 하나 제대로 기록이 남아 있는 것이 없다. 분명 현종대에 고려왕조실록을 새로 만들면서 불과 몇 년 전의 동시대인인 강조에 대한 정보를 기록하지 않았다는 것은 진정 고의성 짙은 문제가 아닐 수 없다.

만약 그러한 의심이 사실이라면, 과연 누가 이렇듯 강조의 존재를 철저하게 역사에서 지워버린 것일까? 그 역사적 실체를 찾기 위해서는 1천 년 전 고려사회로 직접 들어가 보는 수밖에 없다.

목차(CONTENTS)

1장 혼란

　　　　　　1009년 봄이 시작되는 음력 정월의 하순 무렵
어느 날. 두 사람이 서경(평양)과 개경(개성)의 대략 중간쯤에 위치한
동주(洞州)의 용천역(龍泉驛)에 다다랐다. 이들은 급히 용천역에 머물
고 있던 한 사람을 찾았다. 무슨 일인가 하여 그 사람의 일행들이
모여 웅성거리는 가운데 이들 앞에 나타난 40대 중반 정도로 보이
는 한 사나이. 자신을 찾는 까닭을 묻는 사나이에게 이들은 긴히
할 말이 있다며 조용한 장소로 옮길 것을 요청했다. 한 명은 내사문
하성 소속의 내사주서(內史主書, 종7품) 위종정(魏從正), 다른 한 명은
안북도호 소속의 지방관직인 장서기(掌書記, 7품) 최창(崔昌)이라고 신
분을 밝혔다. 품계가 높은 이들은 아니었지만, 아마도 서로 안면이
있는 사이인 듯했다.

"국왕께서 병이 위독하시어 천추태후가 김치양과 함께 나라를 빼
앗으려 모의하고 있는데, 많은 군사를 거느리고 밖에 있는 공을 꺼
려하여 왕명을 위조하여 부르게 된 것이니, 공께서는 속히 이 길로
돌아가 의병을 일으켜 나라를 보호하고 공도 보전하시오. 때를 놓

처서는 아니 될 것입니다."

　주위 사람들을 물리치고 듣게 된 첫 마디는 강조(康兆)가 내심 가
장 우려했던 안 좋은 소식이었다. 사실 그는 목종의 인정을 받아 여
러 관직을 거쳐 왕명의 전달 등 국왕의 측근 역할인 중추원의 장관
인 중추사(中樞使, 종2품) 및 내사문하성 소속으로 간관의 장관인 우
상시(右常侍, 정3품)라는 고위직까지 올랐다가, 이후 서북면 도순검사
(西北面都巡檢使) 즉 고려 서북방 지역의 최고행정직 겸 군사지휘관으
로 임명받고 서경에서 근무를 하고 있던 중에 목종의 호출을 받고
수도 방위를 위해 개경으로 가던 길이었다.

　그 역시 지금의 국왕인 목종이 힘이 없어 고려의 조정이 각 세력
들 간의 권력다툼으로 혼란스러운 것은 익히 잘 알고 있는 사실이었
지만, 이들의 말에 따르면 지금쯤이면 이미 목종이 돌아가셨을 수
도 있는 상황이며 그렇다면 조정의 권력은 모두 간신 김치양 일파에
게 넘어가버렸을 공산이 컸다. 만일 이대로 정적들이 지배하고 있을
수도 개경에 맨몸으로 걸어들어가봤자 손쉬운 정치적 재물로 숙청
될 건 굳이 보지 않아도 당연한 예상이었다. 따라서 정국이 한치 앞
도 내다볼 수 없을 정도로 난맥상에 빠졌을 것으로 짐작한 그는 고
민 끝에 일행들에게 서경의 본영으로 돌아갈 채비를 할 것을 일렀
다. 국왕의 명령은 진짜가 아닐 것이라고 판단한 그의 첫 번째 결정
이었다.

다시 며칠 후. 서경 본영에서 부정확한 정보로나마 개경의 상황을 파악하며 앞으로의 대책 회의를 하던 그에게 거의 숨이 넘어가고 있는 한 중이 찾아들었다. 머리카락을 밀어버리고 추레한 스님의 행색을 하고는 있었지만 어디서 본 듯한 낯이 익은 외모였다. 하지만 그 중은 사안이 시급한 까닭에 오로지 강조를 만나기 위해 밤낮 없이 달려왔기에 기력이 다해 결국 잠시 후 숨을 거두고 말았다. 마치 그리스의 마라톤을 연상케 하는 일인데, 42.195km보다 네 배는 더 긴 약 170km의 거리를 달려온 셈이니 그럴 만도 했다.

분명 외양은 고생이 심해서 많이 변하긴 했지만 가만히 살펴보니 아버지 집안에서 봤던 종의 얼굴인 듯했다. 무언가 낌새를 눈치 챈 강조는 그의 소지품들을 뒤지기 시작했다. 그러던 중 그가 지니고 온 대나무로 만든 지팡이를 보다가 평범한 것 같으면서도 왠지 조금 다른 부분이 느껴졌다. 이리저리 둘러보다가 살짝 밀어보니 역시 열리는 구조였다. 그리고 그 안에는 아버지의 필적으로 쓰인 편지가 들어 있었다.

"왕은 이미 세상을 떠났고 조정의 권력은 간신들이 모조리 차지해버렸으니 즉시 군대를 이끌고 와서 국난을 바로 잡아야 한다."

가장 우려하던 일이었지만 결국 왕의 붕어가 사실로 드러난 순간이었다. 당시 고려 조정 내의 권력투쟁 세력들은 개경 밖에서 가장 큰 군사력을 보유하고 있던 목종의 사람으로 간주되는 강조를 잠정적으로 제일 큰 위협요소라고 판단하고 있었는데, 심지어 목종이 그런 그를 수도 개경으로 불러들여 자신의 호위를 맡기겠다고 하자 어떻게 해서든 이 시나리오만은 막아야 한다는 다급한 입장에 처한 것이었다. 이에 군사를 파견하여 개경 북부와 서경을 잇는 길의 요지인 절령(岊嶺, 오늘날 자비령)을 아예 차단하여 방어에 들어갔고, 그 여파로 절령을 통한 이동이 막힌 행인들의 불평으로 인해 이 사실은 곧 개경에까지 금세 알려지게 되었다. 참고로 절령을 기점으로 그 위쪽은 서경의 관할이었고 아래쪽이 개경의 소관이었기에 개경에서는 당연히 절령부터 차단한 것이었다.

어쨌든 이 소식을 접한 강조의 아버지는 동시에 개경에 파다하게 퍼진 국왕 사망설까지 생각이 미치면서 결국 들리는 소문들이 모두 사실이라고 믿을 수밖에 없게 되었고, 멀리 서경에 있는 아들에게 이 사실을 알리고자 집안의 발 빠른 종 하나를 묘향산 중으로 가장시켜 묘향산으로 돌아가는 것이라고 거짓말을 하라고 하고는 최대한 신속하게 비밀편지를 전달토록 했던 것이다.

강조로서는 이런저런 혼란스러운 정보들 중에서 가장 믿을 만한 소스로부터의 정보라고 판단하여 비로소 확신을 갖게 되었다. 국왕은 세상을 떠났고, 간신세력들이 조정을 움켜쥔 것이다. 누구에게 국정을 이토록 파탄에 이르도록 한 책임이 있는지 그는 이미 파악하고 있었다. 이제 남은 일은 자신을 인정해준 왕을 위해 스스로 행동에 나서는 것뿐이었다. 그에게는 이 순간 다행히 그럴 힘이 주어져 있었다.

강조는 서북면 도순검사였다. 이는 곧 고려 서북방 지역의 행정을 총괄하는 책임자이자 동시에 가장 큰 규모로 국경을 방어하는 군 최고지휘관이기도 하다는 뜻이었다. 정말 악독한 마음만 먹는다면 그는 전체 병력을 이끌고 수도 개경을 말 그대로 휩쓸어버릴 수도 있었을 것이다. 하지만 왕과의 의리를 지키기 위해 이 병력을 다 동원할 수는 없는 노릇이었다. 그가 자리를 비우더라도 서북방의 군사적 방어기능은 정상적으로 작동해야 했기 때문이었다.

그래서 그는 국방에는 영향을 크게 미치지 않는 최소한이자 만약에 있을지 모를 수도 방위군의 반격에 대응할 수 있는 최대한의 수치를 계산했다. 강조는 그로부터 100여 년 후인 무신정권 시기 비슷한 상황에서 서경유수였던 조위총이 수도 개경을 공략하기 위해 절령 이북의 40여 성의 병력을 총동원했던 것과 확실히 달랐다. 그는 고심 끝에 5,000명을 차출하기로 결정하고, 신속히 준비를 마친 뒤 곧바로 서경을 출발하였다. 구체적 표현은 없지만 오늘날 평양부터 개성까지 놓인 고속도로의 총길이가 170km인 것을 감안해서 강조의 군대가 이 거리를 주파한 시간을 고려해보면 신속한 이동을 위해 기병 위주로 병력을 구성하였을 것으로 추정된다.

그렇다면 당시 개경에는 병력이 얼마나 있었을까? 시기에 따라 그 구체적인 수치는 변화가 있는데, 통상 왕성에 상주하는 상비군은 대략 3만 명 정도로 알려져 있다. 총 3만 명에 달하는 수도방위 전력에 비하면 강조가 동원한 5,000명은 1/6에 불과하니 그리 큰 규모가 아닌 것처럼 보일 수 있다. 하지만 3만 모두가 상시 투입이 가능한 전투력은 아니었으며, 수도 내 경찰 업무와 의장대 업무 등 실제 전투 병력이 아닌 구성이 포함되어 있었다. 또한 이들 중앙군과 바로 앞에 언제 도발해올지 모르는 적군을 두고 국경을 수비하고 있는 양계의 주진군은 전투력 측면에서 큰 차이가 있었다는 점이 중요하다. 평화로운 수도에서 국왕과 왕성만을 방어하고 있는 군과 전방에서 수시로 전쟁의 위협을 이겨내야 하는 실전 배치된 군의 전투력 차이는 분명 클 수밖에 없었다. 아마도 강조는 그 격차를 엄밀히 계산해보고 자신의 정예병사 5,000명이면 만에 하나 전투를 벌여야 했을 때 수도방위군과 전면전을 펼쳐도 승산이 있다고 판단했던 것으로 보인다.

지금이 곧 그의 인생에서 가장 긴장될 수밖에 없는 순간이었다. 본격적인 쿠데타의 시작인 셈이었기 때문이다. 이제는 더 이상 돌이킬 수가 없었다. 모가 되든 지 도가 되든 지 그는 그가 충성을 바치기로 맹세했던 고려의 조정을 간신세력으로부터 되찾고 정상적인 상태로 복원시키기 위해 자신의 인생을 걸기로 한 것이었다. 만약 일이 잘못 된다 하더라도 그에게 남은 것은 이제 그것이 결국 자신이 한 결정의 결과라고 스스로를 탓하는 것뿐이었다.

그렇게 황해도의 평주(平州)쯤 왔을 무렵이었다. 그가 마음을 겨우 다잡고 있었을 때 다시 한 번 충격적인 소식을 접하고 만다. 그로서는 결코 예상치 못했던 돌발변수였다.

"국왕은 아직 살아 계십니다."

이게 정말인지 그는 다방면으로 확인에 확인을 거듭했다. 하지만 목종은 살아 있는 게 확실한 것 같았다. 아니, 확실했다. 거리의 장벽과 소통의 차단이 가져다준 잘못된 정보에 근거한 오판이 가져올 결과는 참혹할 게 뻔했다. 살아 있는 국왕을 향해 군사를 거느리고 수도로 진격하고 있는 강조의 모습은 뭐라고 변명한다 한들 그 칼끝을 정면으로 받고 있는 목종의 입장에서는 그저 국왕 자신에 대해 반란을 일으킨 일개 반역자로 보일 뿐이었다. 더욱이 지금의 목종은 자신을 믿어준 의인이 아니었던가.

강조는 오랫동안 고개를 떨구고 있었다. 머릿속이 온통 혼란스러웠다. 어쩌다 일이 이렇게까지 꼬였는지, 무엇이 문제였는지, 이제 앞으로 무엇을 해야 하는 것인지 도통 알 수가 없었다. 이제 와서 사과하고 군대를 돌린다고 해서 과연 목종으로부터 용서를 받을 수 있을까? 뚜렷한 해답이 있을 턱이 없었다. 이미 그는 국왕 앞에 반역자였다. 그것도 믿음에 대한 배신자의 역할까지 겸한 반역자. 용천역까지 찾아와 자신의 발길을 돌리게 만든 놈들은 당연히 용서할 수 없었고, 자신에게 잘못된 정보를 전달해준 아버지에게도 화가 치

밀어 올랐다. 그러나 무엇보다도 상황 판단이 부족했던 자신에 대한 질책이 가장 컸을 것이다.

절대군주의 앞에서 명을 받지 않고 임의로 군대를 일으킨 것은 이유여하를 막론하고 말 그대로 쿠데타일 수밖에 없었다. 정보의 부족에 따른 부득이한 상황에서의 판단이었다는 구차한 변명은 결코 통하지 않을 것이었다. 모든 것을 내려놓고 개경으로 돌아가서 자신의 실수를 그대로 인정하고 당초의 의도와 상관없이 반역에 대한 죄 값을 치르는 것 외엔 달리 이 상황을 합법적 테두리 내에서 해결할 방도는 없었다. 그리고 어떤 이유에서든 반역죄는 응당 죽음으로 갚는 것임은 누구나 알고 있는 사실이었다.

그를 보좌하며 같이 따라온 자신의 바로 아래 2인자이자 부지휘관격의 서북면 도순검부사(副使)로 있던 이부시랑(吏部侍郎, 정4품) 이현운 등 부하 장수들이 보다 못해 상관을 설득하기 위해 나섰다. 기왕 같은 배를 탄 이들로서는 멈춰도 죽고 계속 가도 죽는 게 확실하다면, 기왕이면 조금이라도 살아남을 가능성이 높고 그리고 심지어 잘만 하면 인생 역전을 펼칠 수 있는 선택이 필요했을 것이다. 이들로서는 빼어든 칼을 다시 그대로 칼집에 집어넣는 것은 피하고 싶은 선택이었다.

"이미 여기까지 온 이상 멈출 수는 없지 않겠습니까?"

강조로서는 동주 용천역에서 첫 번째 회군을 결정했고, 서경에서 군대를 이끌고 떠나는 것으로 두 번째 인생의 판단을 한 셈이었다. 이미 이 두 가지 행동만으로도 충분히 국왕에 대한 반역을 저지른 셈이었다. 그에게 다른 카드가 있을 리 없었다. 이제 돌이킬 수 없는 상황에 처한 그에게는 세 번째이자 마지막으로 단 하나의 결심만이 남아 있을 뿐이었다.

"그 말이 옳다."

이 순간 그는 그 동안에는 상황이 자신을 이렇게까지 내몰았지만 이 다음의 상황부터는 스스로 만들어나가겠다고 결심했다. 내가 죽지 않으려면 상대방을 죽일 수밖에 없는 냉혹한 정치현실만이 그의 앞에 남아 있었다. 그의 인생에서 가장 큰 승부수가 던져졌다. 그는 자신의 루비콘 강을 건넌 것이다.

<1872년 지방지도 중 개성전도 - 규장각>

개경(開京)은 고려의 수도였다. 태조 왕건이 고려를 개창하면서 자신의 출신 지역이었던 송악(松嶽)을 수도로 삼으면서 개경은 475년 역사의 대부분을 고려의 중심 도시로서 기능했다. 인구는 시점의 차이는 있지만 조선시대 이수광의 『지봉유설』에 따르면 13만 호였다고 한다. 한 호당 가구구성원이 5명이라고 가정해보면 대략 65만 명이 이곳 개경이라는 한 도시에 살았던 셈이니, 시기는 또 다르지만 1130년경의 고려 전체 인구가 210만 명이었음을 감안해볼 때 당시로서는 대단한 규모의 대도시였다.

개경은 상업의 도시이기도 했다. 예성강 하류의 벽란도는 국제무역으로 유명했고, 후대에도 개성상인은 상업을 직업으로 삼은 이들의 대명사로 간주되었다. 송나라, 요나라, 금나라, 일본, 게다가 아라비아에 이르기까지 교역 대상국도 다채로웠다. 고려의 수출품은 인삼, 도자기, 공예품, 비단, 종이 등 다양했는데, 직접 생산하지 않는 여러 물품들도 다국 간 중개무역을 통해 취급하면서 수익을 올렸다.

개경은 또한 문화의 도시였다. 후대에 이름을 성균관으로 바꾸게 되는 국자감이 개경에 세워진 게 992년이다. 지금은 무너져 내려 터만 남아 있지만 그 웅장함으로 명성이 자자한 만월대가 있는 궁성만 해도 넓이가 25만 제곱미터에 달하고, 개경을 크게 둘러싸고 있는 나성의 총길이는 23km에 이르는 당대 으뜸가는 규모였다. 불교의 나라였던 만큼 흥왕사, 현화사, 연복사, 개국사, 흥국사 등 수많은 절들이 개경의 곳곳에 산재해 있었다.

개경은 그 기나긴 기간만큼 이름도 다양한데, 송악, 개성, 개주, 황도, 황성, 송도 등 시기에 따라 달리 불렸다. 또한 그 많은 이름들만큼 부침도 많았는데, 거란, 몽골, 홍건적 등 외적의 침략을 직접 받아 많은 문화재들을 잃게 된 것은 지금 와서도 뼈아픈 상처이다. 오늘날은 개성이라 부르는 이곳을 여기서는 당시 가장 일반적으로 불렸던 개경이라는 이름으로 부름이 좀 더 적합할 것이다.

1009년 음력 1월 16일의 개경. 이제 겨우 봄 날씨에 접어든 이날 어둑해진 하늘에 불빛이 떠오르더니 곧이어 누군가의 다급한 외침이 들려왔다.

"불이야!"

궁성 내 왕실의 물품을 보관하는 대부(大府)의 기름 창고에 불이 난 것이 가까운 천추전(千秋殿), 곧 천추태후가 거처하는 궁전까지 옮겨붙은 것이다. 불길은 한참 끝에 겨우 잡긴 하였으나 창고와 궁전 모두 전소되어 버렸다. 원인은 정확히 파악되진 않지만, 동시간

대에 목종이 참석했던 상정전(詳政殿)에서의 관등(觀燈) 행사와 관련해서 어쩌다 불길이 그쪽에 옮겨붙은 것이 아니겠느냐고 추정해볼 수도 있었을 것이다. 다행히 목종의 어머니인 천추태후는 불을 피해 화는 면하였으나, 이 일로 충격을 받아 병이 생겼다는 핑계로 목종은 모든 업무를 물리치고 궁에 들어가 어느 누구도 만나려 하지 않았다.

그런데 이상한 일이었다. 평소 사냥을 취미로 즐겨온 이제 갓 30세가 된 젊디젊은 국왕이 건강상의 이유라고 한 것도 그렇고, 효자로 소문난 목종이 어머니의 거처가 불에 타버리는 사고가 발생했는데 어떠한 후속조치도 하지 않고 마치 스스로를 궁에 유폐시키다시피 했으니 의심이 가지 않을 수 없었다. 더군다나 이 화재의 여파로 궁성은 안보상의 이유를 들어 계엄령이 내려져 모든 문을 걸어 잠그고 통행을 차단해 버렸다. 언뜻 보면 전쟁발발 직전의 고요와도 같은 상황이었다.

이 상황을 조금만 시선을 달리 하여 생각해본다면, 목종의 병환에 따른 칩거라는 공식 발표와는 달리 오히려 목종은 다른 세력들에 의해 반강제적으로 가택연금 상태에 들어간 것일 수도 있다는 추측도 가능하다. 첫 번째 근거는 어머니 천추태후의 알 수 없는 행동이다. 화재 사고 이틀 후인 1월 18일 천추태후는 불타버린 천추전 대신 장생전(長生殿)으로 거처를 옮기는데, 이곳은 원래 정전인 건덕전(乾德殿)에 가까이 있던 국왕의 침전이었다. 마치 천추태후가 스스로 아들인 목종의 침소를 보란 듯이 뺏은 것처럼 보이기 때문이다.

그럼 대신 목종이 몸져누웠다는 장소를 추청해보자면 평소 머물던 장생전이 아닐 경우 건덕전 뒷편의 궁의 여인들이 거처하는 신덕전(神德殿)이었을 가능성이 높다. 이 궁전의 장점은 궁의 양쪽 회랑에 여인들을 위한 방들이 쭉 늘어서 있어서 국왕을 위한 방어막처럼 보일 수도 있지만, 다른 한편으로는 국왕에 대한 감시망으로 활용하기에도 좋았을 것이라는 점이다. 게다가 이곳 신덕전 역시 국왕이 수시로 머무는 곳이었으니 아마도 주변에 이상한 소문이 퍼져나가지 못하게 하기에는 안성맞춤이었을 것이다.

두 번째 근거는 목종이 궁에 칩거를 시작한 무렵의 그의 주변 상황이다. 우선 장소별로 일일이 나열해보자.

🌱 **장춘전(長春殿)과 건화전(乾化殿)** : 구체적인 위치는 알 수 없으나 각종 도량 등의 종교의식이 자주 거행되었던 문덕전과 비슷한 용도로 건덕전 뒤편의 내전 구역에 있지 않았을까 추정된다. 이 두 궁전에 구명도량(救命道場)이 설치되었다. 도량은 그 종류가 매우 다양한데, 대개는 질병을 낫게 하거나 가뭄 등의 천재지변이 없도록 하고 수명을 연장하게 한다든지 외적을 물리치기 위한 불교적 의식을 의미한다고 보면 된다. 이중 구명도량은 특히 국왕이 병환 중일 때 쾌유를 빌기 위해 열리는 것을 말한다. 목적이 목적이니만큼 고려의 유명한 고승들이 의식을 집행하지 않았을까 싶은데, 다만 불교계의 최고위직인 왕사(王師)와 국사(國師)는 여기에 참여하지 않은 것으로 보인다.

❦ 은대(銀臺, 국왕의 비서기관, 왕명 전달을 담당) : 궁성과 황성 사이인 동화문 바깥에 위치. 왕사와 국사는 고려 최고위 승려들이었고, 태의 기정업은 의사, 태복 진함조와 태사 반희악은 천문지리관, 그리고 다음 재상 급으로는 관직의 인사를 총괄하는 이부(吏部)의 장관인 이부상서(정3품)이자 내사문하성 소속의 참지정사(종2품) 유진, 이부(吏部)의 차관격인 이부시랑(정4품) 겸 왕명의 출납과 군기와 숙위를 담당하는 중추원 소속의 중추원사(종2품) 최항, 내사문하성 소속의 급사중(종4품)이며 중추원의 차선임자인 중추원부사 채충순이 숙직

❦ 내전 : 궁성 내부의 구조는 크게 정전, 편전, 내전으로 구분할 수 있는데, 이 중 내전은 국왕의 침전과 휴식공간 및 후비의 침전과 생활공간 등을 말한다. 은대 소속의 지은대사(知銀臺事) 겸 시설을 관장하는 공부(工部)의 차관급인 공부시랑(정4품) 이주정, 중추원 소속 왕명출납 담당의 우승선(정3품) 겸 어사대 소속의 전중시어사(정6품) 이작인, 그리고 국왕의 총애를 받는 폐신들로는 지은대사 겸 오늘날 행정부에 해당하는 상서도성 소속의 좌사랑중(정4품) 유충정, 궁궐의례를 맡는 합문(閤門) 소속의 합문사인(7품) 유행간, 끝으로 사법을 담당하는 형부(刑部)의 장관인 형부상서(정3품) 진적이 숙직

❦ 근전문(近殿門, 궁전에 가까운 문) : 정전인 건덕전으로 들어가는 길일 텐데 건덕전은 구조상 동측에 출입구가 있었다. 중앙군 소속인 친종장군(4품) 유방, 각 영에 소속된 무관직인 중랑장(정5품) 유종, 탁사정, 하공진이 숙직하며 경호

✤ **대정문**(大定門) : 정확히 이 명칭의 문은 다른 기록에 나오지 않는데, 아마도 건덕전 뒤의 내전 구역으로 이어지는 문이 아니었을까 추정된다. 인구와 세금 및 식량 등을 담당하는 호부(戸部)의 차관급인 호부시랑(정4품) 최사위가 대정문의 치안을 담당하는 대정문별감(別監)이 되어 다른 모든 궁문은 걸어 잠근 채 구명도량이 열리고 있는 장춘전(長春殿)과 연결되는 대정문만 열어둠

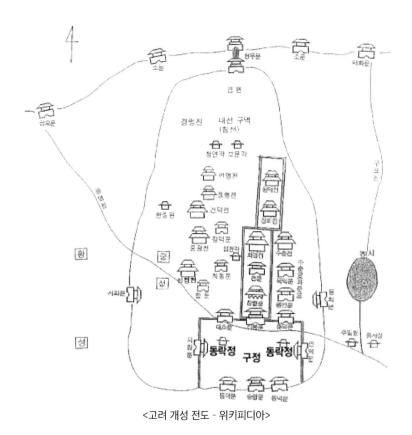

<고려 개성 전도 - 위키피디아>

정리해보자면, 두 개의 궁전에 국왕의 쾌유를 비는 도량을 열었고, 궁전 내외와 궁전으로 이어지는 주요 거점들을 고위관직자들까지 동원하여 숙직하며 국왕의 안전을 확보토록 한 모양새이다. 하지만 찬찬히 살펴보면 이들 인사들의 파벌은 제각각이었다.

궁전 내부의 이주정은 성종 때부터 활약해온 외척 집안 출신으로 공공연한 반목종파였고, 유행간은 애초에 목종의 총애를 받았었지만 어떤 계기에서인지 언젠가부터 반목종파로 기울어진 상황이어서 목종도 사실 기피하고 있는 인물이었다. 반대로 아직 목종도 이들의 충성심은 확신할 수 없었지만 은대에 숙직중인 채충순과 최항 정도는 잠정적으로 친목종파로 봐도 무방했다. 의외로 궁전 내부의 유충정은 발해유민 출신으로 원래 유행간과 같은 일파로 간주되어 왔지만 이후에 친목종파를 고수하게 된다. 그리고 이후의 행동으로 확실해지게 되는 근정문을 수비하던 탁사정과 하공진은 친강조파였다. 기타 인물들은 아직 파벌이 공식적으로 드러나 있지 않은 상황이었다.

즉 궁궐 내부는 반목종파가 사실상 장악하고 있는 셈이어서 다른 신하들의 국왕 접견을 차단할 수 있었던 것이다. 다만 완벽하게 장악하지는 못했던 듯 유충정이 작지만 통로를 열어두고 있었던 점이 목종에게는 다행이었다. 그렇게 조금 멀리에 있던 은대의 친목종파 관료들이 그 통로를 통해 국왕과 제한적인 소통이 가능했던 점이 이후의 사태의 향방을 판가름하게 된다.

그럼 구명도량은 대체 무엇을 위함이었을까? 개인적인 추측이지만 예컨대 구명도량은 목종의 건강 이상설을 대외적으로 보여주기 위한 용도가 아니었을까 의심된다. 사실 한 곳이어도 크게 상관은 없었을 텐데, 굳이 두 군데에서 동시에 도량을 열어가면서까지 국왕의 건강악화를 부각시켜 보여주는 것이 오히려 수상한 측면이 있다. 목종은 대중의 눈으로부터 철저히 숨기고 도량은 눈에 잘 띄도록 확대해 보여줌으로써 사건의 본질을 가리기 위한 연막은 아니었을까 싶은 부분이다.

그렇다면 왜 이 정도로 고위관직자들까지 총동원되다시피 하여 각자 국왕 호위 또는 국왕 포위에 나서야 했을까? 심지어 계엄령을 내려서 궁궐의 문들을 모두 걸어 잠가 궁궐 내 사람들의 임의적인 이동을 막고 무관들까지 투입하여 준전시상황을 대비한 것은 물론 국왕의 안전이 어떤 형태로든 위협받고 있다는 것을 의미했다. 과연 반목종파의 주체는 누구였기에 국왕이 이토록 겁을 먹을 수밖에 없었던 것일까?

그것은 바로 조정 내에서 치열한 권력다툼의 핵심에 있던 정권의 실세 천추태후가 유력했다. 국왕의 친어머니인 헌애왕후 황보 씨 말이다.

왜 하필 어머니인 천추태후였을까? 여러 기록에서는 그녀의 외가 쪽 친척이자 내연남이었던 김치양을 주범으로 몰고 있지만, 이는 고려왕실의 명예를 지키기 위해 공범을 일부러 언급하지 않은 것일 뿐 사실은 김치양이 범인이라 해도 그의 공식적인 연인인 천추태후가 공범에서 빠질 리 없었다. 오히려 태조 왕건의 핏줄을 이어받았다는 강한 프라이드를 가진 이는 천추태후이지 김치양이 결코 아니었다. 성년이 된 목종이 있었음에도 국정을 직접 관장한 것도 자의식이 너무도 강했던 천추태후였다. 더욱이 목종은 여전히 후사가 없어 이 대로 가면 자연스럽게 조정의 최고 어른인 천추태후가 다음 국왕을 사실상 지명할 수 있는 그런 상황이었다. 바로 그런 천추태후였기에 자신에게 도전하는 어떤 자도 결코 용납할 수 없었고 특히나 자신의 고귀한 사랑이 위협받는 일은 절대 용서할 수 없었을 것이다.

그러면 또 왜 목종은 급하게 병환을 이유로 숨다시피 궁 안에 스스로를 가두어야 했을까? 외부의 암살을 피하기 위해서였던 것인지 아니면 강제 유폐였는지는 차치하더라도, 결과적으로 그의 피신에는 분명 이유가 있었을 것이다.

목종은 재위 초기인 1000년 10월에 개경 남쪽에 숭교사(崇敎寺)를 완공하여 자신의 원찰(願刹) 즉 창건자의 소원을 비는 특별한 절로 삼았었는데, 이 사건이 발생하기 불과 이틀 전인 1월 14일에 그는 자신의 원찰인 숭교사에 다녀왔다. 과연 거기에서는 무슨 일이 있었던 것일까? 그가 화재사고 직전 자신의 원찰인 숭교사에 가서 간절히 빌었던 새해 소원은 무엇이었을까? 그때 마침 돌아오는 길에 갑자기 강한 바람이 불어와 일산대가 꺾였다는 상징적인 이야기만 전해오는데, 이 일화가 말해주는 숨겨진 진실은 대체 어떤 것이었을까?

대부 기름 창고의 화재사건은 단순한 화재가 아니라 사실은 방화였음이 거의 확실하다. 누군가의 노림수가 아니고서야 그렇게 정밀하게 고려 최고의 권력자 거처를 노렸다는 듯이 태워버릴 수 있었겠는가. 그것도 심지어 보는 눈이 많을 수밖에 없는 천추전에 직접 방화하는 것이 아니라 바로 인근의 창고를 태워 간접적으로 천추전을 타깃으로 한 영리한 수법이었다. 방화의 시기도 딱 적절하게 불을 다룰 수밖에 없는 관등 행사를 하던 날로 잡아 의심을 피하려면 피할 수도 있도록 한 것을 보면 진작부터 준비해온 치밀하게 계획된 일이었을 것이다.

그러면 방화의 주범이 있어야 하는데, 반천추태후파는 여기서는 곧 친목종파를 의미하니 아마도 은대에 숙위하던 고위관료들이 실행의 주체였을 수도 있다. 천추전에 가까운 대부창고에 접근하려면 궁내의 이동이 자유로운 인물이여야 하니 어느 정도 권한이 높은 이들이 관여하여 실행에 옮긴 것으로 보인다. 하지만 직전에 목종이 숭교사에 행차했던 점과 일산대가 부러진 사고가 말해주는 역사에서는 가려진 또 다른 진실이 있을 수도 있다. 혹 실행은 저들이 하였어도 실질적인 주도는 아들인 목종이 하였던 것은 아닐까? 아니면 최소한 그런 계획을 묵인하고 방조한 혐의가 목종에게 있었던 것은 아닐까? 얼마 후의 일이지만 대부 창고에서의 화재 사건에 대해 자신을 탓하는 말을 남긴 것은 마치 그가 어떤 형태로든 이 사건에 개입되어 있음을 시인하는 것처럼 들리기도 한다. 그가 숭교사에서 빌었던 새해 소원이 혹 진정 불효를 무릅쓰고라도 이 친위 쿠데타가 성공하길 기원했던 것은 아니었을까?

그것은 어떤 이유에서인지 이제는 어머니의 그늘로부터 벗어나고자 했던 간절한 소망에서 비롯된 것은 아니었는지, 그래서 그렇게라도 해서 저지르게 되는 패륜을 부디 용서해달라는 간절한 기도를 해야 했던 상황은 아니었는지 모르겠다. 그런데 불운하게도 결국엔 그 음모가 실패로 끝나버리자 조정 내의 다수 실세를 차지하고 있는 천추태후 세력의 보복에 크게 겁을 먹고 긴급히 생명의 위협을 피해 도망치듯 궁전으로 숨어들어야 했던 것이었다면? 스스로 들어간 궁전이지만 그렇기 때문에 사실상 반강제적인 유폐로 볼 여지는 과연 없을까 싶다.

이 두 모자(母子)의 관계는 조금 복잡하게 얽혀 있다. 고려의 제7대 국왕인 목종 왕송(王訟)은 제1대 태조 왕건(王建)의 증손자이자 제4대 광종 왕소(王昭)의 손자, 그리고 제5대 경종 왕주(王伷)의 맏아들이었다. 어머니는 역사에서 천추태후(千秋太后)라는 별칭으로 더 많이 알려진 헌애왕후로, 태조의 또 다른 아들인 대종 왕욱(王旭)의 딸이었다. 그녀는 바로 직전의 제6대 국왕인 성종 왕치(王治)의 여동생이면서, 자신과 함께 경종에게 시집 왔다가 나중에 다음 제8대 국왕이 될 현종 왕순(王詢)을 낳은 헌정왕후와 자매 사이였다.

원래 고려 왕실은 복잡한 근친 혼인으로 악명이 높은데 거기에다 태조의 경우 부인만 공식적으로 29명을 두는 등 가계도를 한 눈에 볼 수 있도록 나열하는 것은 현실적으로 어려운 일이다. 따라서 이해를 돕기 위해 부득이 불필요한 부분은 들어내고 관련된 정보들로만 보기 쉽게 정리해보면 다음과 같다.

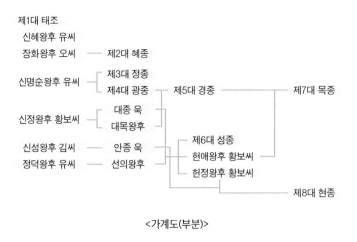

<가계도(부분)>

원래는 목종 왕송이 아버지 경종의 뒤를 이어 제6대 국왕이 되었어야 하지만, 981년 7월 11일 경종의 사망 당시 나이가 겨우 만 한 살을 갓 넘었을 정도로 너무 어렸기 때문에 경종의 사촌동생이자 동시에 왕송에게는 큰외삼촌이 되기도 하는 성종이 21살의 나이로 대신 왕위를 잇게 되었다. 올바른 성품을 타고나기도 했지만 유교적 마인드가 강했던 성종은 정당한 왕위계승권자인 어린 외조카이자 사촌동생이기도 한 왕송이 있는데도 자신이 왕위를 물려받았다는

점에서 항상 마음의 짐을 느꼈고, 그래서 왕송을 자신의 후계자로 키울 생각을 가지게 되었다. 게다가 성종은 마침 딸만 낳았을 뿐 아들을 갖지는 못하여 나중에 왕송에게 왕위를 물려주는 데 있어서는 다행히 이해관계의 충돌은 피할 수 있었다.

이렇게 성종은 목종에게 기꺼이 아버지가 되어주기로 하였다. 980년 5월 20일에 태어난 왕송은 숙부인 성종이 궁중에서 키우도록 하였다. 성종 치세 9년인 990년 왕송은 개령군(開寧君)에 봉해졌는데, 개령군은 성종 자신의 국왕 등극 전 호칭이기도 했다. 이는 그가 다음 왕위를 이을 것이라는 점을 분명히 하는 것으로 받아들여지는 시그널이었다. 이처럼 그는 일찍부터 왕위를 계승할 준비를 하며 키워졌다. 다행히 목종은 좋은 왕이 될 그릇은 되었던 것 같다.

성품이 침착하고 굳세며 어려서부터 임금의 도량이 있었다. (고려사, 고려사절요)

더욱이 그가 남긴 언행을 보면 자신에 대한 직접적인 충고에도 기분 나빠 하지 않고 오히려 충신이라면 승진시킬 줄 알았고, 자신의 한계도 직시할 줄 알고 상황판단 역시 시의 적절하게 할 줄 알았던 뚜렷한 주관의 소유자였다. 또한 어머니에 대한 효심도 지극하여 자신의 생각과 안 맞더라도 어머니가 싫어하는 것이라면 굳이 하지 않으려 했고, 어려울 때조차도 손수 어머니를 편히 모시려고 했던 착한 아들이기도 했다.

뿐만 아니라 훗날 현종으로 왕위에 오르게 되는 대량원군 왕순이 열두 살의 어린 나이에 어머니 천추태후에 의해 궁에서 쫓겨나 강제로 승려가 되게 내쳐졌을 때 안심하고 머물 수 있도록 자신의 원찰인 숭교사를 임시피난처로 제공한 이도 목종이었다. 이런 이가 어찌 당대는 물론 후대의 평가처럼 무능력하고 나약한 인물이었겠나 싶을 정도이다.

그는 분명 좋은 왕이 될 수 있는 자질은 타고났지만, 어머니로부터 충분히 받지 못했던 사랑에 대한 이룰 수 없는 갈망이 그의 왕으로서의 인생에 있어 큰 걸림돌이 되었던 것 같다.

결국 문제는 어머니였다. 천추태후 즉 헌애왕후와 헌정왕후 자매는 철저한 유교적 사고방식의 소유자였던 오빠 성종과는 달라도 너무 달랐다. 둘 다 공히 남편을 일찍 여읜 것이 원인이었는지도 모르겠지만, 어쨌거나 두 자매는 모두 남자 없이는 못사는 그런 여자들이었다. 목종의 어머니인 헌애왕후만 우선 보자면, 964년생으로 981년 남편인 경종을 떠나보냈을 때가 18살에 불과했으니 한창 사랑에 굶주리고 쉽게 불타오를 만한 나이이기도 했다. 세상물정 모르던 나이인 17살에 마음의 준비 없이 낳은 아기에 대해서는 정도 제대로 못 붙였던 것은 아닐까.

그런데 남편 경종은 이미 신라 경순왕의 딸을 먼저 아내로 맞이한 상태였다. 경종이 955년생으로 그녀와는 9살 차이가 나는 데다 이들이 부부로 살았던 기간이 짧아 진정한 사랑을 나누기엔 물리적으로 한계가 있었을 것이다. 더욱이 시아버지 광종이 워낙에 압도적인 카리스마로 가족은 물론 심지어 하나뿐인 아들조차도 숨도 못 쉬게 할 만큼 강력한 공포정치를 펼친 것으로 유명했을 정도여서 그런 환경에서 성장한 경종은 그다지 유화적인 스타일이 아니었고 그 때문인지 그녀의 부부생활은 사랑이 꽃피는 그런 행복한 시간은 못되었던 것 같다.

그래서인지 그녀는 혼자 된 이후 언제부터인가 자신의 외가쪽 친척인 김치양(金致陽)과의 연애를 시작한다. 하지만 이 소문은 결국 오빠 성종의 귀에 들어갔고 왕실의 명예를 실추시킨 것에 대해 진노한 성종은 김치양을 벌하고 멀리 유배를 보내버리는 방식으로 둘을 떼어놓았다. 유교주의자이자 원칙주의자였던 성종 입장에서는 개인적으로도 여동생의 어이없는 치정 사건을 용납하기 어려웠을 게 뻔하다.

그러나 사랑에 눈 먼 헌애왕후는 그렇게 쉽게 사랑을 잊지 않았다. 아들인 목종이 997년 즉위하자 자신은 응천계성정덕왕태후(應天啓聖靜德王太后)가 되어 엄연히 성인이 된 목종을 대신하여 섭정하는 권력가의 모습을 드러내었다. 그러면서 궁성 내 천추전을 자신의 거처로 삼아 국정을 총괄하게 되면서 사람들은 그녀를 천추태후로 부르게 되었다.

그녀는 곧바로 김치양을 개경으로 다시 불러들여 합문 통사사인

(閤門通事舍人)에 임명하였다. 합문은 궁중의례를 담당하는 관청이고 통사사인은 궁내에서 일하는 7품 관직으로 품계는 높지 않지만 왕궁 내부에 깊숙이 들어올 수 있는 위치였으니 그 목적이 뻔했다. 몇 해 안되어 우복야(右僕射, 오늘날의 행정부인 상서도성 소속으로 상서령 다음 가는 관직, 정2품) 겸 삼사사(三司事, 국가의 재정을 담당하던 기관의 책임자, 정3품)까지 고속승진을 시키며 조정 가까이에 두고는 계속 염문을 뿌리고 다녔다. 게다가 1003년에는 김치양과의 사이에서 아들이 태어났는데, 그녀는 사랑 없이 낳은 첫 아들 목종보다 사랑을 통해 낳은 둘째 아들을 훨씬 더 사랑했던 것 같다.

사람들은 희대의 왕실 스캔들에 대해 쑥덕거렸지만, 그녀는 그런 평에 전혀 신경 쓰지 않았다. 그녀는 정말로 김치양을 사랑했던 것 같다. 목종 재위 9년인 1006년 7월에 만들어진 고려시대의 사경(寫經)이 오늘날까지 전해져 내려오는데, 그 제작자가 놀랍게도 천추태후와 김치양이다. 보통 사랑하는 사이가 아니고서야 이렇게까지 대놓고 연애를 하였을까 싶은 생각이 들 정도이다.

이 『대보적경(大寶積經)』의 권23 발문을 살펴보자.

"보살계 제자 남섬부주 고려국 응천계성정덕왕태후(應天啓聖靜德王太后) 황보 씨, 대중대부 상서좌복야 판삼사 농서현 개국남 김치양이 마음을 합쳐 발원하여 금자대장경(金字大藏經)을 사성(寫成)합니다."

1006년이면 천추태후가 김치양의 아들을 낳고 3년 후의 일이었다. 이 『대보적경』은 대승불교의 여러 경전을 하나로 묶은 것인데, 다양한 밀교사상도 여기에 반영되어 있고 또 여신도의 신앙에 대한 내용도 많이 담겨 있어서 아마도 새로 탄생한 아기의 건강과 성공을 기원하기 위한 의도가 있었지 않았을까 여겨진다. 우연의 일치인지는 모르겠지만 이 1006년은 어린 아들의 잠재적 왕위 경쟁상대인 대량원군이 천추태후에 의해 삼각산(지금의 북한산) 신혈사로 내쫓겨진 해이기도 했다.

천추태후는 평범하게 한 여성으로서 세상을 살기엔 야심만만한 인물이었다. 자신의 원찰인 진관사에 1007년 2월 9층탑을 세웠는데, 이는 신라 선덕여왕이 삼국통일을 염원하며 황룡사 9층탑을 지은 것이나 또는 태조 왕건이 후삼국통일을 기원하며 서경 9층탑을 세운 일을 연상시킨다. 그녀의 치적에 대해서 역사는 많은 부분에 있어 침묵으로 일관하고 있다. 여성 차별이 만연했던 중세시대이기도 했고, 남성 중심적 가치를 우선시했던 유교적 문화의 영향을 받은 측면도 있으며, 결정적으로 반정을 통해 집권한 세력이 자신들의 통치 정당성을 확보하기 위해 이전 정권의 폐해를 집중적으로 부각시켰던 것에 대한 피해를 고스란히 받았기 때문이다.

기록에 남아 있는 대표적인 그녀의 치적으로는 북방 정책을 들 수 있는데, 치세 초기 서경을 호경(鎬京)으로 고쳐 부르고 각종 세금을 감면해주는 등 적극적인 우대정책을 펼쳤으며, 국경 지대에 이르는 각 요지들에 성들을 쌓고 보완하는 작업들을 지속적으로 추진하였다. 예를 들어 그녀가 앞서 서희가 개척한 강동 6주 중 1007년 흥화진(興化鎭, 평북 의주)에 쌓은 성과 1008년 통주(通州, 평북 선천)에 쌓은 성은 불과 2~3년 후에 거란과의 대규모 전쟁이 발발하였을 때 그녀의 탁월했던 선견지명을 증명해주게 된다.

그럼 여기서 잠깐 그녀에 대한 당대의 평을 한번 들어보자.

천추태후가 음란하고 방종하였으며 몰래 나라를 위태롭게 하여 왕위를 빼앗으려 하였다. (최충)

남성 유학자의 관점에서 여성 권력자를 비하하는 평가로 아무래도 고의적인 깎아내림이 느껴진다. 어찌 자기 것이라고 생각하는 자신의 국가를 일부러 '위태롭게' 만들 생각을 하겠는가. 이미 아들 대신 섭정을 하며 사실상 여왕으로 군림하고 있었던 상황에서 다시 왕위를 빼앗으려 했다는 말 자체도 어폐가 있다. 악녀 만들기의 전형을 보는 듯하다.

그녀의 이상적인 모델은 아마도 중국 역사상 단 하나뿐인 여황제 무측천(武則天)이었을지도 모를 일이다. 천추태후와 달리 황족 출신은 아니었지만 본인의 힘으로 인생을 개척하여 제국의 황제 자리에까지 오른 무측천은 야심이 있는 여성이라면 본받고 싶은 모델이었다.

자기애가 강하고 자신의 본능에 충실했던 천추태후는 기록에는 없지만 본인이 직접 여왕이 되기를 희망하였을 지도 모르겠다. 아들이 이미 왕인데 후계가 없는 상황에서 자신이 또 다른 어린 아들을 낳았는데, 목종이 일찍 세상을 떠나게 되면 그 왕위를 계속 잇게 하기 위해서는 다시 한 번 수렴청정을 하거나 혹은 태조 왕건의 핏줄을 이어받은 자신이 국왕이 되어서 아들에게 물려주는 방식을 고민하지는 않았을까. 과거 중국 당나라의 무측천 사례를 생각해보면 불가능한 것도 아니었다. 그녀의 본심은 지금은 알 수 없지만 단순히 김치양에게 속아 수동적으로 끌려 다닐 정도의 인물은 아니었음이 분명하다. 그녀의 야망은 그보다는 더 컸으리라 여겨진다.

다만 그녀는 운이 따르지는 않았다. 그녀의 앞길을 가로막은 자는 그녀가 제거하고자 했던 인물과 그리고 미처 위협이 되리라 생각지 못했던 인물이었다.

그렇다면 그녀의 내연남 김치양은 어떤 인물이었을까? 그는 역사 기록만 봐서는 천추태후와 놀아난 욕망의 화신과도 같은 인상이다. 조금 과장해서 발기한 음경에 수레바퀴를 걸 수 있다는 풍문이 나돌 정도로 그는 남성성이 무척 강했던 모양이다. 비판적인 이들은 그래서 천추태후가 그와 바람이 났다고 폄훼하는 형태로 여론을 만들었다.

김치양은 동주 사람이며 천추태후 황보 씨의 외족(外族)이었는데

성품이 간교하고 성욕이 몹시 강했다. (고려사, 고려사절요)

경종의 아들 목종은 13년간 재위했는데, 김치양이 음탕하고 방자
했다네. (제왕운기)

김치양이 여후(천추태후)와 더불어 모의하여 장차 태자(현종)를 해치
고자 하였다. (최사위 묘지명)

천추태후에 의해 조정에 들어온 이후에 벼슬을 주고 빼앗는 일이
모두 그의 손에서 결정되었으며, 조정 안에 당파를 만들어 키웠는데
그 세력이 점차 위세를 떨쳤다고 한다. 집을 지었는데 300여 칸이나
되며, 누대와 정자 그리고 정원과 연못이 극히 화려하였다고 전해진
다. 그는 시도 때도 없이 천추태후와 노닐면서 즐겼는데 주변의 눈
치도 보지 않고 아무런 거리낌도 없었다. 자신의 출신지역인 동주
(洞州, 황해도 서흥)에 성수사(星宿寺)라는 이름의 절을 건립하고, 또 궁성
의 서북 모퉁이에 시왕사(十王寺)를 세워 그곳의 종에 자신의 뜻을 다
음과 같이 새겼다고 한다.

동국(東國)에 태어난 현세에서는 같이 선종(善種)을 닦고,
서방(西方) 극락세계 가는 날에는 함께 보리(菩提)를 깨달으리.

처음부터 끝까지 천추태후와의 사랑 타령이다. 굳이 평해보자면 김치양은 권력 때문만이 아니라 한 명의 남자로서 정말로 천추태후를 사랑했을 지도 모를 일이다.

어쨌거나 천추태후와 김치양의 눈먼 사랑이 목종에게는 비극의 시작이었다. 어머니로부터 사랑을 제대로 못 받고 자란 목종은 아버지 역할을 대신해주었던 성종이 불과 37살의 이른 나이에 세상을 뜨자, 육체적으로는 성인이 되었지만 정신적으로는 아직 미성년의 티를 벗지 못했던 18살의 나이에 왕위에 올라야 했다. 제대로 자기 절제도 배우지 못한데다가 스스로 국왕으로서 무엇을 어떻게 해야 할지에 대한 자기 판단도 할 수 없었던 마치 방향타를 잃은 배와 같은 그런 처지였다.

목종은 어머니와 연인 관계인 김치양을 항상 못마땅하게 여겼으나, 그를 내쳤을 경우 어머니의 마음을 상하게 될 것이 또한 걱정되어 차마 그러지도 못하는 처지였다. 효심 있는 착한 아들이라는 생각이 절로 든다. 어쨌든 현실에서 어머니의 벽을 넘지 못하는 목종이 스스로 도피처로 찾은 것은 사냥이었다.

활쏘기와 말 타기를 잘 하고 술을 즐기며 사냥을 좋아하여 국정에 마음을 두지 않았으며, 폐신(嬖臣)들을 믿고 가까이하다가 결국 화를 당하였다. (고려사, 고려사절요)

그때 목종이 자못 사냥하고 다니기를 좋아하였는데 … 유방헌이 상소하여 다시 사냥의 일을 간해도 목종은 역시 따르지 않았다. (유방헌 묘지명)

이랬기에 목종에 대한 역사적인 평가는 사실 좋지 않았다.

목종은 옛 사람들의 실패를 교훈으로 삼아 처음부터 방비하지 못하여 결국 어머니와 함께 화를 입고 왕실을 거의 망칠 뻔한 것이다. 그러니 목종의 불행은 오히려 불행이 아니다. (이제현)

심지어 사실관계를 규명할 길은 없으나 목종의 동성애설도 당시에는 많이 유포되었었던 모양이다. 동성애의 대상자로 지목된 것은 목종 주변의 미남자들이었던 유행간과 유충정 등이었다. 하지만 이는 아무래도 당대의 반목종파에서 조정 권력의 탈취에 대한 명분을 갖기 위해서 또는 후대의 반정세력이 목종 폐위의 당위성을 만들어내기 위하여 조작한 것은 아닌가 하는 의혹이 강하게 든다. 실제로 그의 동성애는 소문만 무성할 뿐 구체적으로는 아무런 증거가 없다. 오히려 그에게는 배우자인 선덕왕후 유 씨 말고도 요석택궁인(邀石宅宮人) 김 씨라고 하는 총애하는 여인이 따로 있었다. 어머니에게 눌려 사냥 빼고는 궁전 생활은 소극적으로만 할 뿐인 데다가 왕후와의 사이에서 아이도 생산하지 못하고 더군다나 잘생긴 젊은이들인 유행간, 유충정 등과 친밀하게 지내는 것이 그런 악의적 소문을 불러일으킨 원천이 되었던 것은 아닐까 짐작해볼 수 있다.

이제 다시 목종이 칩거에 들어간 궁전의 상황을 살펴보자. 신하들이 문병을 위해 왕을 만나겠다고 청해도 유행간이 나와 대신 목종이 몸이 회복되면 그때 가서 부르겠다고 하였다는 말만 전할 뿐 그 이상의 응대는 하지 않았다. 친천추태후파에서 조직적으로 목종을 가로막고 있는 셈이었다.

국가의례 도구를 관리하는 위위시 소속의 위위소경(衛尉少卿, 종4품) 유품렴(庾稟廉)의 아들인 유행간은 외모가 뛰어나고 목종의 총애를 받고 있어서 세간에는 그가 목종의 동성애 상대라는 악의적인 소문이 나 있는 자였다. 발해유민 출신인 유충정 역시 당대에는 유행간과 같은 부류로 알려진 위인인데 둘의 사이는 그다지 친밀한 관계는 아니었다. 아마도 목종이 이 둘을 경쟁시키듯이 따로따로 활용하였기 때문이었던 듯싶다.

그러던 중 목종이 채충순만 따로 유행간이 눈치 채지 못하게 방으로 비밀리에 불러들였다. 그런데 왜 굳이 그를 불렀을까? 참고해볼 만한 것은 그의 출신이다. 『채인범 묘지명』에 따르면, 그의 아버지 채인범은 중국 천주(泉州, 지금의 푸젠성 동남부) 출신으로 광종 때인 970년에 고려로 넘어온 이주민이었는데, 성종 때에는 합문지후 상서에 부시랑까지 올라갔을 정도로 능력을 인정받았고 또한 경전과 역사에 대한 지식이 깊고 문장에 능했다고 전해진다. 목종도 이런 채인범을 좋아했지만 안타깝게도 겨우 재위 1년차에 그가 명이 다하여 세상을 하직하고 말았다. 추측컨대 목종 입장에서는 외국 출신이라는 독특한 배경 때문에 기존 고려인들보다는 상대적으로 주변의 영향력에서 자유로울 수 있었던 채인범의 아들 채충순을 한번 믿어보자는 심산이었던 것은 아니었을까.

<채인범 묘지명 - 국립중앙박물관>

목종이 그에게 은밀히 물었다.

"내 병이 점차 회복되고 있는데, 듣기로는 밖에서 왕위를 노리는 자가 있다고 하니 경은 이에 대해 들은 게 있소?"

"저도 그런 소문을 듣기는 하였지만 그 실상까지는 파악하지 못하였습니다."

그러자 목종은 베개에 감춰둔 편지 두 통을 꺼내 채충순에게 보여주었다. 살펴보니 하나는 유충정이 쓴 것으로 내용은 이러했다.

"김치양이 왕위를 엿보면서 이를 위해 사람을 보내 뇌물을 주고 널리 심복을 확보하고 있습니다. 제게도 내응해달라고 요청이 왔는데 완고히 거절은 하였습니다만, 사안이 중대하여 곧바로 보고 드립니다."

또 하나는 그 당시 삼각산 신혈사에 유폐되어 있는 대량원군(大良院君) 왕순(王詢), 곧 이제 겨우 18세가 되는 태조 왕건의 손자이자 목종의 외사촌 동생의 글이었다.

"간악한 무리들이 사람을 보내 저를 포위 핍박하면서 술과 음식을 주었는데, 저는 독약을 타지 않았을까 의심이 되어 먹지 않고 새모이로 주어보니 그걸 먹고 새들이 모두 죽었습니다. 음모의 위급함이 이 정도이니 폐하께서는 저를 불쌍히 여기시어 구원해주소서."

두 통의 편지를 다 읽은 채충순은 놀라지 않을 수 없었다.

"형세가 급박하니 빨리 손을 써야 하겠습니다."

"나의 병이 점차 위독해져서 머지않아 죽을 지도 모르는데, 태조의 후손으로는 오직 대량원군만 남아 있을 뿐이오. 평소 경과 최항의 충성심은 나 역시 잘 알고 있으니 마땅히 최선을 다해서 대량원군을 도와 이 나라가 다른 이에게 넘어가지 않도록 해주시오."

여기서 방금 전에는 병이 낫고 있다고 했다가 이제는 다시 병이 점점 심해지고 있다고 하니 앞뒤가 맞지 않는다. 누군가가 기록을 조작한 것임이 분명하다. 잘 생각해보면 이 대화를 알고 있는 사람은 둘밖에 없다. 목종 아니면 채충순인 것이다. 국왕이 직접 기록을 남길 리는 만무하니 이때의 대화는 채충순이 나중에 정리한 것이 된다. 왜 그는 이렇듯 뻔히 앞뒤가 모순되는 대화를 기록하였던 것일까? 이에 대해서는 차츰 밝혀나가기로 하고 아직은 좀 더 당시의 기록을 따라가 보도록 하자.

채충순은 궁에서 나와 자신의 상사인 최항을 만나 은밀히 상의했다. 참고로 최항의 할아버지는 최언위(崔彦撝)로 신라 말기 당나라에 유학을 가서 발해 재상 오소도의 아들 오광찬을 과거시험에서 이긴 것으로 유명했으며, 나중에 태조 왕건에게까지 인정받아 높이 등용되었을 만큼 명망 높은 집안이었다. 최항은 역시 그럴 줄 알았다는 반응이었다.

"내 항상 이런 일이 있을까봐 걱정하고 있었는데, 이제 국왕의 뜻이 이러하시니 크나큰 다행이오."

목종을 통해 채충순과 접촉했다는 말을 들은 유충정이 자신의 심복인 어사대 소속 감찰어사(監察御史, 종6품) 고영기(高英起)를 매개로 하여 채충순과 최항에게 의견을 전해왔다. 참고로 고영기는 나중에 거란의 고려 침공 시 하공진과 함께 목숨을 걸고 외교전을 펼치게 되는 인물이다.

"지금 국왕께서 병으로 자리에 누워계신 마당에 간악한 무리들은 기회를 노리고 있으니 나라가 넘어갈까 걱정됩니다. 만약 병환이 위독해지면 어쩔 수 없이 태조의 손자를 후계자로 삼아야 할 것입니다."

채충순과 최항은 짐짓 놀라는 척하며 물었다.

"태조의 손자가 어디 계시오?"
"바로 대량원군입니다. 그가 왕위 계승자가 될 수 있습니다."
"우리들도 역시 이런 말을 들은 지 오래 되었으니, 마땅히 천명에 따라야 하지 않겠소."

이와 같이 고영기가 채충순과 최항의 의사를 전달하자 유충정은 다시 회답하였다.

"제가 직접 만나 뵙고 의논하고 싶지만 주위에 이목이 많아서 다른 사람들의 의혹을 살까 염려되니, 두 분이 친히 찾아와주셨으면 합니다."

유충정이 이와 같이 자신에게 찾아와줄 것을 부탁하듯이 이야기한 것은 그가 상대적으로 나이가 어렸기 때문일 수도 있지만 그가 정4품으로 종2품의 최항보다 품계가 낮았기 때문에 예의를 어기는 셈이어서 그와 같이 행동하였던 것으로 보인다. 채충순과 최항은 이와 관련해서 논의했다.

"이 일은 단순히 개인의 일이 아니라 실로 국가적인 사안이니 우리가 찾아가서 만나는 것이 옳겠습니다."

이리하여 드디어 유충정을 만나 대략적인 계획을 정하였다. 그리고는 채충순이 대표로 궁에 들어가 그간의 논의 결과를 목종에게 보고하였고, 계획에 대한 승인 및 추가적인 명령을 받고 돌아왔다.

"마땅히 문관, 무관을 각 한 명씩 선택하여 군교(軍校)들을 거느리고 가서 영접해오시오."

채충순은 최항과 고영기에게 목종의 명령을 전하면서 누구를 보낼 것인지 의논했는데, 궁중 내의 의례나 여러 잡다한 일을 담당하는 선휘원(宣徽院) 소속의 정5품 이하에 해당되는 선휘판관(判官) 황보유의(黃甫兪義)로 의견이 모아졌다.

"황보유의는 애국자이고 더구나 그의 선조들도 국가에 기여한 바가 크니 그런 자손으로서 당연히 가문의 명예를 실추시키지 않기 위해서라도 최선을 다해 임무를 완수할 것입니다. 이 사람이 어떻겠습니까? 그리고 무관으로는 낭장(郎將, 정6품) 문연(文演)이 적당할 것 같습니다."

이 둘을 목종에게 추천하면서 다음과 같이 의견을 내었다.

"대량원군을 맞이해오는데 군교들이 많으면 행동이 분명 지연되어 간악한 무리들이 먼저 손을 쓸 우려가 있습니다. 10여 명 정도를 파견하되 지름길로 가서 영접하는 것이 좋을 듯싶습니다."

목종도 이에 동의하였다.

"내가 친히 왕위를 물려주고자 하니 지체하지 말고 빨리 사람들을 보내도록 하시오. 만약 내 병이 낫는다면 성종께서 나를 책봉했던 것처럼 하여 명분을 일찍 정하면 왕위를 엿보는 사람이 없어질 것이오. 내가 아들이 없고 왕위 계승자가 미정인 상태여서 몇몇 이들이 동요하는 것 같은데, 이는 나의 잘못이오. 국가 대계로서 이보다 더 큰일은 없을 테니 경들은 각기 충심을 다해주기 바라오."

성종의 사례는 성종이 재위하던 당시 어린 목종을 궁에 불러들여 일찍부터 후계자로 내정하였던 것을 말하는 것이었다. 목종이 기어코 눈물을 흘리자 채충순도 같이 울었다. 목종은 채충순에게 명하여 대량원군에게 주는 글의 초안을 작성토록 하면서 곁에서 직접 먹을 갈았다. 부담이 된 채충순이 굳이 사양하였다.

"제가 스스로 먹은 갈아서 쓰면 됩니다. 부디 성체(聖體)를 수고롭게 하지 마십시오."
"내 마음이 급해서 그런지 전혀 힘들지 않소."

이렇게 채충순이 초안한 글에 목종이 마지막 문장을 더하여 완성한 내용은 다음과 같다.

"예로부터 국가의 대사는 미리 결정하면 민심도 자연히 안정되는

법이다. 이제 내가 병석에 누워 있으니 간사한 무리들이 기회만 엿보고 있는데, 이는 내가 진작 명분을 정하여두지 않았기 때문에 더욱 그러한 것이다. 그러므로 경은 태조의 적손이니 속히 출발하여 내가 죽기 전에 만나서 국정 운영을 맡길 수만 있다면 죽어서도 여한이 없을 것이다. 혹 내가 더 살 수 있다면 경을 동궁에 두어 다른 사람들의 마음이 흔들리지 않도록 하겠다. 길이 험하여 잠복해 있는 악당에게 불의의 변을 당할 수도 있으니 경계하고 또 조심하여 오도록 하라.”

당시 유행간은 대량원군을 차기 왕으로 받아들일 생각이 없다는 것을 잘 알고 있었던 목종은 이 일이 누설될까 염려하여 채충순에게 신신당부했다.

“유행간이 알아채지 못하도록 부디 조심하시오.”

목종은 유행간 등 반목종파만 걱정했지만, 사실 그가 걱정해야 할 자들은 더 있었다. 안타깝게도 그는 당장의 눈앞의 적들만 알아보았을 뿐이다.

드디어 편지를 황보유의와 문연에게 주면서 낭장 아래의 무관인 별장(別將, 정7품) 이성언(李成彦), 고적(高積) 등 10명을 붙여서 삼각산 신혈사로 가서 대량원군 왕순을 맞이하여 오게 했다. 그리고 별도로 개성부 소속의 참군(參軍) 정7품 김연경(金延慶)에게 병사 100명을 이끌고 교외로 나가 마중하도록 하였다.

그리고 이렇게 은밀히 작업을 진행해오던 것에 앞서서, 유행간과 마찬가지로 궁내에 들어와 숙위하고 있던 이주정이 천추태후와 김치양의 세력임을 잘 알고 있었기에 그를 떼어놓아야겠다는 생각에서 서북면 도순검부사로 임명하여 곧바로 출발토록 하고 서북면 도순검사 강조를 그 즉시 불러들였다. 그가 명을 받들어 개경으로 오던 도중 잘못된 소식을 듣고 서경으로 돌아가 군사를 이끌고 오기까지 걸린 시간은 불과 보름이 채 걸리지 않았다. 그만큼 사태는 촌각을 다투며 급박하게 돌아가고 있었다.

3장 쿠데타

　　2월 2일, 궁성에 화재가 난지 불과 16일밖에 지
나지 않은 시점. 벌써 개경 가까이 다다른 강조가 보낸 편지가 급히
개경에 당도했다.

　　"국왕께서 병환이 위독하신데 후계자를 정하지 못하였기에, 간악
한 무리들이 왕위를 엿보고 있습니다. 또 유행간 등의 참소와 아첨
만 지나치게 믿어 상벌이 제대로 집행되지 않아 이러한 혼란을 초래
된 것입니다. 이제 명분을 정하여 인심을 안정시키고 간악한 무리를
제거하여 여러 사람의 울분을 씻어내려 합니다. 대량원군을 맞이하
여 대궐로 들어가려고 하는데 국왕께서 놀라실까 심히 우려되오니,
잠시 용흥사(龍興寺)나 귀법사(歸法寺)에 나가 계시면 곧 간사한 무리
들을 소탕하고 난 뒤에 다시 모시겠습니다."

　　용흥사와 귀법사는 둘 다 개성의 외곽에 위치한 절이었다. 이를
읽은 목종은 무언가 낌새는 이상하다고 생각했을지 몰라도 다름 아
닌 가장 믿을 만한 강조의 도착이 그저 반가울 따름이었기에 그리

하겠다고 회신하였다. 그 다음 무슨 일이 벌어질 지는 아직 전혀 예상도 못하고 있었지만.

이에 앞서 강조는 서경 소속의 감찰어사(監察御史) 김응인(金應仁)을 따로 보내서 삼각산 신혈사(神穴寺)에 있던 대량원군 왕순을 맞이해 오도록 하였다. 황보유의와 문연이 이미 대량원군을 데리러 간 것은 그도 알 수는 없었다.

이날 황보유의와 문연 일행이 먼저 삼각산 신혈사에 다다랐다. 그 절의 중들은 간당들이 보낸 자가 아닌가 의심하여 대량원군 왕순을 숨기고 내놓지 않으려 했지만, 그를 왕으로 맞이하러 왔다는 사유를 자세히 설명하고 나서 마침내 대량원군을 데리고 나올 수 있었다.

다음 날인 2월 3일, 하늘이 마치 핏물에 물든 것처럼 붉은 장막을 펼쳐놓은 듯했다.

강조의 군대에서 선발대인 이현운이 가장 먼저 도착하여, 황성의 서쪽 문인 영추문을 통해 입성했다. 국경을 지키고 있어야 할 고려의 정규군이 수도 개경에 나타나자 궁은 순식간에 혼란에 빠졌다. 사람들은 재빨리 알아차렸다. 정규군이 동원되어 벌어진 쿠데타라는 점을 말이다. 목종 역시 강조의 도착은 그의 편지를 통해 이미 알고 있었지만 불과 하루 만에 개경에 당도한 그 신속함도 그렇지만 무엇보다도 군사까지 동원하였음을 뒤늦게 들었을 때에는 내심 크게 당황할 수밖에 없었다. 그 동안에는 주위의 눈치만 보고 있었으나 이제 이를 빌미 삼아 편지에서 언급된 유행간부터 긴급 체포하여 강조에게 보내었다. 그래도 아직 목종은 기대하는 바가 있었기에 계획대로 되어가는 것으로 믿고 싶었을 것이다.

성 안에는 당황한 사람들만 있던 것은 아니었다. 이 소식을 접한 급사중(종4품, 내사문하성 소속) 탁사정과 좌사낭중(정5품, 상서도성 소속) 하공진은 즉시 강조를 찾아 자리를 떠났다. 이들은 앞서서는 중랑장으로 기록에 나오는데, 이는 아마도 계엄 상황에서 근전문을 지키는 무관 역할에서 공을 인정받아 문관직으로 승진을 한 것으로 볼 수도 있지만 그 시간이 너무 짧아 왠지 어색하긴 하다. 보통은 고려사회에서는 무신정권 이전까지는 문관은 무관 업무를 겸할 수 있어도 그 반대는 거의 그런 경우가 없었기에 이례적인 일로 보이기 때문이다. 어쨌든 언뜻 보기엔 이들이 단순히 고려 조정을 배반하고 쿠데타 세력에 빌붙은 기회주의자들로 생각될 수 있지만, 그들의 육성을 들어볼 수 없는 오늘날의 우리들의 입장에서는 이후의 행적으로 이들의 진심을 판단해볼 수 있을 뿐이다.

그리고 곧이어 강조의 본진도 궁성에 도착했다. 구정에서 궁전들로 이어지는 대초문에 도착한 그는 잠시 쉴 겸해서 걸상에 걸터앉았다. 이때 최항이 관청에서 나오자 강조가 일어나 인사하였다. 그러나 최항의 반응은 차가웠다.

"옛날에도 이와 같은 일이 있었소?"

따끔한 지적이었다. 최항의 말마따나 왕족 간 권력다툼이 아닌 신하의 쿠데타는 고려의 개국 이래 처음이었다. 전무후무한 이 상황에서 정국이 어떻게 흘러갈지는 막상 이 모든 일의 중심에 서게 된 강조조차 짐작하기 어려웠을 것이다. 다만 최악의 경우만은 유일하게 예측 가능했다. 그것은 곧 그의 죽음이었다. 강조는 최항에게 아무 말도 하지 못했다.

한편 목종은 궁성 내에 강조의 군사들이 난입해오자 이제사 무언가 안 좋은 느낌이 들었던 것인지 어머니 천추태후를 끌어안고 하늘을 바라보며 목 놓아 울었다. 하지만 언제까지 대책 없이 있을 순 없다는 듯이 궁인과 내시 그리고 채충순, 유충정 등을 거느리고 궁성을 빠져나가 황성 안 동쪽의 가까운 법왕사(法王寺)로 옮겨갔다. 강조가 언급했던 용흥사나 귀법사보다 훨씬 가까운 곳으로 이동한 것은 아직은 사태의 추이를 살펴봐야 할 필요성 때문이었을 것이다. 목종은 상황의 진행이 예측 불가능할 정도로 매우 변화의 폭이 커져가고 있음을 본능적으로 체감하고 있었다.

그래도 아직까지 목종은 강조에 대한 신뢰를 완전히 버린 것은 아니었던 것 같다. 아니 정확히는 그를 포함한 주변 인물들의 동향이 아직까지는 자신을 중심으로 돌아가고 있다고 믿고 있었던 것일지도 모르겠다. 그러나 이러한 그의 순진한 믿음은 집단적 배신으로 되갚아질 운명이었다.

이때로부터 500년 후 르네상스를 맞이한 이탈리아에서도 비슷한 일이 있었다. 교황 알렉산데르 6세가 말라리아로 인해 곧 사망하고, 이탈리아의 통일을 위해 전진하던 그의 아들 체사레 보르자 역시 동시에 말라리아에 걸려 고열로 쓰러지고 말았다.

그는 죽음의 문턱을 넘나드는 상황에서도 자신에게 동정적이었던 새 교황 비오 3세마저 얼마 안 있어 세상을 뜨자 불가피하게 과거 보르자 가문의 정적이었던 줄리아노 추기경과 막후 협상을 통해 자신을 지위 보전을 약조 받고 그의 교황 등극에 협조하게 된다. 하지만 이제 율리오 2세가 된 교황은 그 약속은 아무것도 아니었다는 듯이 헌신짝처럼 버리고 곧바로 체사레 보르자의 제거에 나섰다. 이 결정적 배신으로 결국 체사레 보르자는 산탄젤로 성의 지하교도소에 투옥되었다가 나중에 스페인으로 추방당했고, 이후 탈출에 성공한 다음 용병으로 전투에 임하던 중 전사함으로써 길지 않은 세월 동안 지극히 역동적이면서도 동시에 비극적이었던 인생을 마감하게 된다. 그때 그의 나이 31세의 일이었다.

물론 인생의 경로는 다르지만, 30세의 목종 역시 이때 채충순을 채널로 하여 친대량원군파와의 협상을 통해 어머니 천추태후의 세력을 무너뜨리고 자신의 지위를 보전 받는 조건으로 차후에 대량원군에게의 왕위 계승을 약조한 것이었는데, 상황은 예측을 벗어나 통제력 밖에서 급속히 진전되어 오히려 자신의 몰락을 가져오게 되는 결과를 초래했다. 그의 불행에는 본의 아니게 자신도 기여한 셈이 되었다.

곧 강조가 건덕전의 어탑(御榻), 곧 국왕 전용의 의자 아래에 앉으니 그가 이끌고 온 군사들이 그를 향해 "만세!"를 외쳤다. 이에 깜짝 놀라 강조는 즉시 일어나 꿇어앉으면서 소리쳤다.

"후임 국왕께서 아직 오지 않으셨는데 이게 무슨 소리냐!"

그가 놀란 이유는 다름 아니라 "만세"라는 외침 때문이었다. 만세 (萬歲)는 황제에게 환호할 때 하는 것이었으니, 이때 강조에게 그의 군사들이 만세를 외쳤다는 것은 곧 강조를 그들의 주군으로 인정한다는 뜻이었다. 만약 새로 자신의 왕조를 개창할 생각이 있는 인물이었다면 이는 최고의 시나리오였을 지도 모를 일이었다. 그를 따르는 무장 세력들이 자신을 새로운 국왕으로 떠받들 의지가 분명 있었다는 뜻이었으니까 말이다. 하지만 상황에 이끌려 어쩔 수 없이 쿠데타의 길로 접어들게 되었을 뿐 고려왕조를 전복할 의사까지는 전혀 없었던 강조의 입장에서는 이건 매우 불경스러운 일이었다. 『한비자』에 나오는 것처럼 군주의 역린(逆鱗)은 절대 건드려서는 안 된다는 것을 강조 역시 본능적으로 알고 있었다.

하지만 이 만세의 외침은 불행히도 급하게 즉위식을 준비하고 있던 18살의 대량원군도 우연찮게 들었을 것이 분명하다. 그는 이때의 사건을 나중에도 결코 잊지 않았다.

잠시 후 황보유의 등이 대량원군을 대동해왔고, 드디어 연총전(延

寵殿)에서 즉위하였다. 가장 넓은 장소인 위봉루 앞 구정도 아니고, 정전인 건덕전이나 편전인 중광전도 아닌, 역사에 한번만 등장할 뿐인 이름 없는 궁전에서 즉위식을 거행한 것은 조금 이상하다. 제대로 준비할 새도 없이 급하게 왕위에 올라야 했던 당시의 상황을 말해주는 듯하다. 동시대에서는 이때의 상황을 '반정(反正 또는 返正)'이라고 표현하는데, 이는 즉 목종 정권을 뒤엎고 현종이 쿠데타로서 등극하게 된 것을 의미한다. 강조 단독 쿠데타가 아닌 대량원군 지지 세력과의 합동 쿠데타. 자신의 안전 확보와 더불어 왕권 재확립을 기대하고 있던 목종의 뒤통수를 쳐서 만들어진 상황이었던 만큼 한시바삐 새로운 국왕의 즉위를 강행 처리해야 했던 것이 아니었겠는가.

이제는 현종이라 불러야 할 대량원군 왕순의 즉위와 동시에 강조는 목종을 폐하여 양국공(讓國公)으로 삼았는데 그 뜻이 참으로 기만적이었다. 양국(讓國) 즉 나라를 양보했다는 뜻이었으니 말이다. 그리고 합문 통사사인 부암(傅巖) 등에게 지시해 궁성을 경비하게 하고, 별도로 군사를 보내 김치양과 그의 7살 된 아들, 그리고 유행간 등 국정을 어지럽힌 핵심인물 7명을 처형시킨 다음, 그 추종자들과 천추태후의 친인척 이주정 등 30여 명은 멀리 섬으로 귀양보내버렸다.

이렇게 쉽게 천추태후파가 몰락한 것은 이해하기가 어렵다. 아무리 강조가 전격적으로 군사력을 동원해 물리적 제압을 하였다고는 하지만 마치 전혀 대비하고 있지 않았던 것처럼 이토록 금세 무너진 모습은 의외일 수밖에 없다. 사태는 한치 앞을 내다볼 수 없을 정도로 급박하게 돌아가고 있었지만 천추태후는 상황이 이렇게 빨리 급전직하할 줄은 예상 못하였던 것 같다. 이는 그만큼 친대량원군파는 철두철미하게 암중모략을 하였고, 거의 그 존재를 드러내지 않고 아주 은밀하게 행동하였음을 뜻한다. 심지어 한참 후까지도 친대량원군파, 아니 친현종파의 실질적인 리더가 누구인지조차 알 수 없었을 정도였으니 말이다. 전면에 나온 채충순은 그저 이들을 이어주는 채널에 불과했다.

목종이 최항을 보내 강조에게 타고 갈 말이라도 달라고 청하자 겨우 한 필을 보내주었고, 따로 민가에서 말 한 필을 얻어와 목종과 천추태후가 각각 타고 황성 동편의 선인문을 통해 나갔다. 이들은 귀법사에 이르러 목종의 옷을 벗어주고 음식을 얻어먹어야 했다.

강조가 최항 등을 새로운 국왕인 현종을 모시라는 명목으로 소환하자 목종이 돌아갈 채비를 하는 최항에게 다음과 같이 당부하였다.

"지난 번 대부의 창고에서 화재가 나고, 뜻밖의 변고가 일어난 것은 모두 내가 부족한 탓이니 누구를 원망하겠소. 그저 나의 소원은 시골에 내려가 편히 살다가 늙는 것뿐이니, 경이 새 국왕에게 이 사실을 잘 말씀드려주고 또 새 국왕도 잘 보좌해주시오."

더 굵직한 사건들이 있는데도 불구하고 굳이 사고에 불과할 수도 있는 대부 창고의 화재 사건을 언급하며 자신을 탓하는 것은, 앞서 잠깐 보았다시피 목종 역시 이 사건에 직간접적으로 개입되어 있음을 내비친 것은 아니었을까 의심되는 부분이다.

어쨌든 이들은 드디어 유배지로 정해진 충주(忠州)를 향하여 갔다. 충주는 목종의 할아버지가 되는 광종의 어머니 유씨의 고향이었다. 당시 고려사회는 조선시대와 달리 외가가 가지는 위상이 상당히 높았다. 왕실의 일원이라 하더라도 자신의 모계 혈통을 중시 여겨 고향이라고 하면 부계인 왕 씨 가문의 개경이 아니라 어머니쪽의 고향을 따를 정도였다. 목종이 향한 충주 역시 그래서 택한 것이었다.

목종은 가는 도중에 천추태후가 음식을 먹으려고 하면 자신이 친히 밥상을 차려 드리고, 천추태후가 말을 타려고 하면 그가 직접 고삐를 잡았다. 병이 심해지고 있다던 그 목종이 맞나 싶을 정도로 멀쩡한 모습이다.

임진강을 건너 아직 개성에서 멀지 않은 적성현(積城縣, 경기도 연천군)에 이르자 강조가 상약직장(尙藥直長) 김광보를 통해 독약을 보내왔다. 목종이 병약한 상황이라면 굳이 여론의 악화가 뻔히 예상되는 상황에서 독살까지 했어야 하는지 싶다. 이 모든 것들이 목종이 결코 그렇게 몸져누울 정도로 건강이 악화된 상태가 아니었음을 말해준다. 그가 궁전 내에 사실상 반강제로 유폐되어 있었다는 사실상의 반증이다. 목종이 당연히 강하게 거부하며 독약을 마시려 하지 않자, 김광보가 수행원으로 따라온 호위 담당인 중금(中禁) 안패 등에게 이렇게 말하였다.

"강조가 '만약 독약을 먹일 수 없거든 중금의 군사들을 시켜 대사를 치르고 자결했다고 보고하라'고 하였으니, 그렇게 하지 못한다면 나뿐만 아니라 당신들도 모두 남김없이 죽임을 당할 것이오."

그날 밤에 안패 등이 목종을 시해하고는 자살한 것으로 보고하고, 문짝을 가져다가 관을 만들어 임시로 적성현의 여관에 두었다. 이제 겨우 30세가 된 한 나라의 국왕의 죽음 치고는 너무도 비참한 결말이었다. 12년 전 18세로 고려의 국왕이 되었던 이가 이제 그때의 자신과 같은 나이인 18세에 새로 국왕이 된 현종에게 밀려 허무하게도 인생의 종지부를 찍은 것이었다. 이를 아무 힘없이 지켜본 46세의 어머니 천추태후 입장에서는 7살의 어린 아들과 사실상 남편의 역할을 해온 김치양에 이은 마지막 남은 혈육의 죽음이었다. 그녀는 이를 어떻게 받아들였을까 궁금하지만 역사에는 그것까지는 전해지지 않는다. 목종의 죽음을 보고받은 강조는 사람을 시켜 적성현의 창고에 있는 쌀로 밥을 지어 제사지내도록 하였다. 그리고 한 달이 지나 적성현의 남쪽에 시신을 화장하고 능을 만들어 묻었다. 천추태후는 할머니인 태조 왕건의 제4비 신정왕태후 황보 씨의 고향 황해도 황주(黃州)로 보내졌다.

그런데 이제현의 『익재난고』 「세가」에 따르면 목종이 세상을 뜬 날짜는 3월 13일이었다. 쿠데타 이후 한 달 이상이 경과된 시점인데, 공식 역사기록에서는 마치 쿠데타 결행 후 얼마 안 있어 일어난 일로 되어 있지만 이제현의 기록이 좀 더 정확해 보인다. 쿠데타 직후에는 아직 보는 눈들이 많은데 뻔히 정치적 반발이 우려되는 상황에서 그렇게 빨리 전왕을 시해할 리가 없었을 것이기 때문이다. 관심이 조금 멀어졌을 시점에 결행하는 편이 정치적으로 안전했을 것임이 거의 분명하다.

여기서 한 가지만 역사적 진실을 바로잡고 지나가도록 하자. 『동사강목』의 저자로 유명한 조선시대의 안정복은 이 부분에 대해 강한 의문을 제기하였다.

"목종의 경우는 단지 그저 무능한 임금일 뿐 큰 과오가 없었고, 또 그의 만년에 대량원군을 부른 일은 잘 조치한 것이라고 볼 수 있는데 강조가 그 틈을 타서 난을 일으킨 것입니다. 왕순(현종)이 이미 왕명을 받고 도착했으면 마땅히 먼저 임금의 소재를 묻고 여쭈어서 행해야 할 텐데, 그렇게 하지 않고 먼저 서둘러 즉위하고서 임금을 내쫓고 심지어 임금을 시해하는 것을 강조에게 일임하고 자신은 모르는 척하였습니다. 역사에서 말하길 '새 임금은 목종 시해에 대해 알지 못하고 있다가 거란이 죄를 물어왔을 때에야 비로소 알게 되었다'라고 한 것은 과연 말이 되는 것입니까? 이는 당연히 '왕순이 이르러 스스로 즉위하고 왕을 폐하여 양국공으로 삼았다가 얼마 후에 시해하였다.'라고 적는 것이 옳지 않겠습니까?"

그의 지적은 매우 타당하다. 이상하게도 모든 주어가 강조로 되어 있고 모든 사건을 강조가 주체가 되어 실행된 것으로 반복되어 나타나는데, 과하다 싶을 정도로 모든 상황에서 그가 악역을 행한 것으로 주장하고 있어서 역으로 의문을 불러일으킨다. 사실 최소한 목종을 내쫓은 기록부터는 강조라는 주어는 모두 현종으로 바꿔서 읽어야 실제 상황에 부합하게 된다. 즉 목종의 폐위부터 시해에 이르기까지 모든 명령의 주체는 현종이었거나 아니면 최소한 현종을 따른 친현종파 수뇌부의 지시에 따른 것으로 보인다.

그렇다면 왜 이 상황에서 현종이었을까? 그에 대한 의문을 한번 풀어보자.

4장 국왕 현종

　　새로운 국왕 현종, 이전의 대량원군 왕순은 불운한 출생의 운명 속에서 태어났다. 그의 아버지는 안종 왕욱(王郁)으로 태조 왕건의 아들이고, 어머니는 목종의 친모인 천추태후와 자매 사이인 헌정왕후로 태조 왕건의 손녀였다. 이렇게만 봐서는 근친혼을 제외하고는 아무 문제가 없어 보이지만, 사실 안종과 헌정왕후는 결혼한 사이가 아니라 불륜의 관계였기에 그들의 아들 현종의 불행은 임신했을 때부터 잉태되어 있었다.

　981년 천추태후의 남편이자 동시에 헌정왕후의 남편이었던 경종이 겨우 27세의 젊은 나이에 일찍 세상을 뜨고, 헌정왕후는 궁에서 나와 고려 태조가 창건한 10대 사찰 중 하나인 왕륜사(王輪寺)의 남쪽에 있는 사저에서 살게 되었다. 당시 궁성의 동북 편이자 바로 황성 바깥쪽이어서 살던 곳에서 그리 멀지 않은 거리였다. 그런데 당시 안종 왕욱의 집도 지근거리에 있다 보니 자연스럽게 서로 자주 왕래하게 되었는데, 숙부뻘이었으니 헌정왕후가 그에게 많이 의지하지 않았을까 싶다. 그러다가 어쩌다 눈이 맞아 잠자리도 같이 하는 사이로 발전하였고, 본의 아니게 헌정왕후는 임신까지 하게 되었다.

그녀의 임신은 비밀로 다뤄져야 했다. 선왕의 왕후였던 이가 아무리 같은 왕족이라지만 불륜을 통해 다른 이의 아이를 가지게 되었다는 것은 당시 고려가 아무리 개방적인 사회였다고 하더라도 로열 스캔들이 될 만한 일이었음이 분명했다. 집안사람들까지 단속하며 이 사실을 쉬쉬 하게 하긴 하였지만 결국 문제는 터지고 말았다.

992년 7월 1일, 곧 출산이 다가온 만삭의 헌정왕후가 어느 때처럼 안종의 집에서 잠들어 있을 때 집안사람이 무슨 작업을 하느라 불을 내었던 것이 화재로 신고 되었고, 이에 놀란 성종도 어차피 궁성과 가까운 거리였기에 급히 위문차 안종의 집을 방문하였는데 이곳에서 결국 이 둘의 관계를 알아채게 되었다.

이상적인 유교사회를 추구하던 성종의 입장에서는 가뜩이나 마뜩찮은 왕실 스캔들이었다. 그는 이 둘을 떼어놓아야겠다고 생각하고, 즉석에서 안종을 사수현(泗水縣, 경남 사천)으로 귀양 보낼 것을 결정했다.

"숙부가 대의를 범한 까닭에 귀양 보내는 것이나 초조한 마음을 갖지는 않도록 하세요."

성종은 이렇게 안종에게 말하며 내시 알자(謁者) 고현(高玄)에게 명하여 그를 호송토록 하였다. 헌정왕후는 이 예기치 못한 이별소식 때문에 슬피 울다가 자신의 집으로 돌아갔는데, 문 앞에 이르렀을 때 뱃속의 태아가 갑자기 나오려는 움직임을 보였다. 그래서 문 앞의 버드나무 가지를 붙잡고 아이를 낳게 되었고, 안타깝게도 헌정왕후는 아이만 출산한 채 곧바로 죽고 말았다.

이에 성종은 유모를 택하여 그 아기를 키우도록 했다. 평소에 그 유모는 아기에게 '아빠'란 말을 항상 가르쳐주었다. 유모에게 어떤 다른 뜻이 있었던 것은 아니었겠지만 우연찮게도 이 단어 한 마디가 이 아기의 운명을 결정하게 되었다.

다음해인 993년 아기가 두 살이 되었을 때, 하루는 성종이 아기를 보기 위해 불렀는데 유모에게 안겨서 들어온 아기가 성종을 바라보더니 "아빠"라고 불렀다. 그리고는 무릎 위로 기어 올라가서 옷깃을 당기면서 또 다시 "아빠"라고 하였다. 이를 본 성종은 순간 측은지심이 들어 가만히 눈물을 흘렸다. 그만한 또래의 아들은 없었지만 그 역시 부모였던 성종의 입장에서는 이 아기의 상황이 남의 일처럼 느껴지지 않았었을 것이다.

"이 아이가 정말로 아버지를 그리워하는구나!"

결국 성종은 아기를 사수현으로 보내 아버지 왕욱의 품에서 성장할 수 있도록 배려해주었다.

시간이 좀 더 흘러 996년 7월 7일, 아이의 나이가 어느덧 다섯 살이 되었던 이때에 안종은 병으로 세상을 떠났다. 아이에게는 일생에서 이때까지의 짧은 시간이 가장 정서적으로 행복했던 때였다.

똑똑했던 아이는 이때를 분명히 기억했다. 비록 어머니는 안계셨지만 아버지의 사랑을 듬뿍 받고 자랄 수 있었기에 그는 이후 고단하고 힘든 일이 있을 때마다 이때의 행복했던 순간을 떠올리며 견딜 수가 있었다. 그의 앞으로의 인격을 형성하는 데 있어 이때가 가장 중요한 시기가 되어주었다. 아이는 평생 이 시기를 잊지 않았다.

아버지의 장례는 귀양 가 있던 사수현에서 치러졌다. 그가 묻힌 곳은 와룡산 근처 귀룡동(歸龍洞)인데, 안종이 일부러 큰돈을 치르고 정한 땅이었다. 지역의 이름 자체가 용(龍)인 것이 무언가 상징하는 바가 있어 보인다. 고려 왕가의 상징이 바로 용이었기 때문이다. 아버지는 자신이 죽을 때 시체를 엎어서 묻어달라고 당부했는데, 장례를 주관했던 사람이 "어찌 그리도 급한 것이오."라고 말한 것을 보면 혹 한시라도 빨리 이 지긋지긋한 유배지를 벗어나 자유로운 용으로 환생하고자 하는 열망을 주술적으로 이루어보려는 뜻을 드러낸 것인지, 아니면 자신의 이른 죽음을 통해 아들에게 용 즉 고려의 국왕이 되는 기회를 앞당겨줄 수 있다고 믿었던 것은 아니었는지 모르겠다. 어쨌든 아버지의 소망이 통해서였는지 그 다음해인 997년 2월 이제 여섯 살이 된 이 아이는 성종의 부름을 받고 개경으로 올라오게 된다.

그리고 어느덧 시간은 또 흘러 1003년 아이는 이제 열두 살이 되어 대량원군(大良院君)에 봉해졌다. 아마도 궁성 내의 대량원(大良院)이라는 거처가 주어졌기 때문에 이런 이름이 부여된 것 같은데, 이는 정식으로 왕실의 일원으로 인정받았음을 뜻하는 것이기도 했지만 동시에 왕위 계승권자의 품 안에 들어갔음을 의미하는 것이기도 했다. 마침 목종 역시 성종과 마찬가지로 아들이 없는 상황이었기에 고려 왕실에서 태조 왕건의 피를 이어 받은 누군가는 왕위를 이을 대상으로서 간주될 여지가 높은 상황이었다. 이는 그에게 긍정적인 측면도 있지만 또한 위험한 시그널이었다. 누군가는 그런 그를 잠재적 경쟁상대로 바라볼 게 뻔했기 때문이었다.

그렇게 대량원군도 이제 겨우 왕실에서 제 몫을 찾나 하던 찰나에 왕실에서 가장 높은 지위를 차지하고 있던 천추태후가 내연남 김치양과의 사이에서 아들을 출산하는 상황이 벌어졌다. 그녀의 나이도 이제 어느덧 원숙한 마흔이 된 해의 일로 물론 당시로서는 노산이었지만 불가능한 것도 아니었다. 이 아들은 부계로는 김씨이니 왕조의 핏줄과는 무관하겠으나, 다름 아닌 천추태후는 태조 왕건의 피를 이어받은 친손녀였으니 해석하기에 따라서는 문제가 달라졌다. 당시 천추태후는 황보 씨를 성으로 쓰고 있었지만 이는 단순히 모계의 성씨일 뿐 원래는 그녀도 당당한 왕가의 일원이었다. 마찬가지로 이례적이긴 하지만 천추태후의 아들 역시 부계가 아닌 모계의 성씨를 물려줄 수만 있다면 그는 현왕인 목종의 동생으로서 순식간에 왕위 계승권자로 부상할 수도 있는 일이었다.

그런 시나리오를 염두에 두고 천추태후는 다른 왕위 계승권자를 박해하기 시작했다. 대량원군의 수난시대의 시작이었다. 천추태후의 아들은 모계만 태조 왕건의 핏줄이었지만, 대량원군은 불륜이긴 했어도 어쨌거나 부계와 모계 양쪽으로 태조 왕건의 피를 이어받은 인물이었기 때문이었다.

실제로 대량원군에 대한 제거 움직임은 암암리에 이루어졌다. 궁성 안임에도 불구하고 천추태후 일파의 암살 시도가 있었고, 당시 어사대부의 시어사(侍御史, 종5품) 최사위가 제때에 보호에 나섬으로써 구사일생으로 위기를 피했던 적도 있었다. 이 시도가 실패로 돌아가자 천추태후는 방법을 바꾸어서 우선 강압적으로 12세의 아직 어린 대량원군의 머리를 밀게 하고 중이 되게 하였다. 왕가에서 출가하는 경우 자동적으로 왕위계승권이 소멸된다는 점을 이용한 것이기도 하고, 궁궐 밖이 좀 더 제거하기에 수월하리라는 판단도 동시에 하였던 모양이다.

처음에는 목종의 배려로 그의 원찰인 숭교사에 보내져 그곳에서 생활하였는데, 또 3년이 흘러 15세가 된 그는 1006년에는 다시 개경에서 남쪽으로 더 멀리 있는 삼각산 신혈사(神穴寺)로 옮겨졌다. 당시 사람들은 대량원군을 '신혈소군(神穴小君)'이라고 불렀는데, 소군(小君)은 보통 왕의 서자 출신으로 출가하여 중이 된 이를 지칭하나 대량원군은 서자는 아니었으니 단지 출가한 왕족이어서 그렇게 불렸던 것으로 보인다.

천추태후는 비밀리에 몇 차례 사람들을 파견하여 그를 암살하고자 하였다. 하루는 궁녀를 시켜 술과 떡을 보내왔는데, 노승 진관(津寬)이 방안에 만들어두었던 땅굴에 급히 대량원군을 숨기고는 그 위에 침대를 놓아 장소를 가리고 그 궁녀에게 대충 둘러댔다.

"소군이 산으로 놀러나가서 저도 간 곳을 모르겠습니다."

궁녀가 돌아간 다음 그 음식을 뜰에 버렸더니 까마귀와 참새들이 먹고는 그 자리에서 죽어버렸다. 나중의 일이지만 이때 자신을 보호해준 승려 진관을 생명의 은인이라 생각하고 1011년 신혈사를 크게 확장해 진관사(津寬寺)로 개명해주기까지 했다.

그런데 이 에피소드는 나중에 친현종파에서 천추태후 악녀설을 만들어내기 위해 조작한 것일 수도 있다. 왜냐하면 승려에게 술을 보내왔다는 것 자체가 난센스이기 때문이다. 우선은 그럴 개연성이 있다는 정도만 지적하고 넘어가도록 하겠다.

언제부터인지는 모르지만 아주 어린 나이부터 대량원군은 왕이 될 꿈을 꾸기 시작했다. 그가 지은 시를 한번 보자.

시냇물

- 삼각산 신혈사에서 지은 시

백운봉에서 흘러내리는 한 줄기 시냇물
만 리 먼 바다로 향하는구나
바위 밑 잔잔히 흐르는 물 적다고 하지 마오
용궁에 다다를 날 그리 멀지 않으니

작은 뱀

- 사수현 와룡산에 머물 때 지은 시

약포에 도사리고 앉은 작디작은 저 뱀

온몸에 붉은 무늬가 찬란히 번쩍이네

언제나 꽃밭에만 있다고 말하지 말라

하루아침에 용 되기 어렵지 않으리라

용은 전통적으로 왕을 상징하는 심벌이다. 대량원군은 자신을 언젠가 바다로 나갈 시냇물이자 용으로 성장할 재목으로 믿어 의심치 않았다. 그가 처한 현실이 나락에 떨어진 것과 매한가지였을 때 그는 오히려 지금의 상황을 극복하기 위해 강인한 정신력을 키우는 방식으로 이 스트레스 상황을 이겨냈던 것으로 보인다.

이와 관련된 역사 유물이 하나 전해진다. 태조 왕건이 창건한 천흥사는 현재 충남 천안의 성거읍 천흥리에 그 터가 있었는데, 그곳에서 발굴된 동종의 명문에 따르면 이 종은 1010년 즉 현종 재위 1년차 때 만들어진 것이다. 종은 지금은 국립중앙박물관에 소장되어 있다.

<천흥사 동종 - 국립중앙박물관>   <천흥사 동종(부분) - 문화재청>

이 동종의 상단을 보면 용이 형상화되어 있는데, 마치 현종의 야망을 보여주듯이 당당히 세상을 바라보고 있는 모습이다.

그는 항상 왕이 되기를 간절히 소망했다. 그것을 이루지 못하면 어느 순간 천추태후가 되었든 다른 정적이 되었든 자신의 목숨은 결코 부지하기 어려울 것이라는 사실을 그는 어린 나이에도 이미 잘 알고 있었다. 어느 날 그가 꾸었다는 닭과 다듬이질의 꿈 역시 그의 소망을 무의식중에 말해준다.

"닭의 울음소리는 '꼬끼오(高貴位, 높고 귀한 위치)'이고 다듬이질 소리는 '어근당(御近當, 왕위에 가까워짐)'이니, 이는 바로 왕위에 오르실 징조입니다."

이를 해몽해준 이의 설명이다. 곧 대량원군이 원하는 것은 왕의 자리였다. 그것만이 그가 안전해지는 유일한 길이자, 불행했던 아버지의 소망을 이루어드릴 수 있는 단 하나의 방법이었다. 대량원군 즉 현종은 어떻게 해서라도 왕위로 나아가고 싶어 했다. 비록 그것이 신뢰를 배신하는 반정(反政)이라 할지라도 말이다.

언제부터 그가 채충순, 최항 등의 세력과 현 정권을 타도하고 권력을 쟁취하겠다는 반정을 모의하였는지는 불분명하다. 천추전의 방화사건 직후 목종의 의사를 비밀리에 타진하던 그때부터였을 수도 있지만, 그보다 이른 시기부터 접촉해왔을 가능성도 없지 않다. 그런데 이들에게 돌발변수가 발생하니 바로 그것은 강조였다. 강조의 군사적 행동은 이들의 계획에는 물론 없었던 것이었다. 그래서 막후 협의 시 강조 이슈를 어떻게 받아들여야 할지 그리고 어떻게 처리해야 할지를 급하게 논의했었을 것이다.

강조와 현종의 접촉은 천추전의 방화사건 이후 강조가 쿠데타를 결심하고 신속히 남진을 하던 그 시점으로 보인다. 사전 접촉의 여부는 알 수 없지만, 최소한 이들의 3자 협상 시 최종 타결은 아마도 신혈사에서 대량원군을 옹립해 나온 2월 2일의 일이 아니었을까 싶다.

이들의 협상 내용은 지금 와서는 물론 알 방도가 전혀 없다. 다만 반정 직후의 일들도 추정해볼 수밖에 없을 텐데, 대략적으로 보자면, ① 목종 하야와 현종의 즉시 즉위, ② 김치양 등 반대파 숙청, ③ 새 정부에서의 각자의 지분 배분이 논의되었을 것은 거의 확실해 보인다.

①과 관련해서는 목종의 죽음까지 구체적으로 거론되었을지는 잘 모르겠으나 최소한 차기 정권의 안정화를 위해서라도 전 정권 세력의 반발의 고리는 끊어야 하기에 아마도 암암리에 감행하자는 방향으로 의견은 모아졌을 듯하다. 그렇다면 목종 시해는 결국 현종의 의사결정이 일정 부분 반영되었음이 분명해진다. 즉 강조 단독으로 목종 시해가 진행된 것은 아니었다. 그토록 왕위에 대한 강한 열망을 가지고 있던 현종이었기에 비록 배신이라 할지라도 자신의 왕위 안정성에 대해서만큼은 절대 양보하려 들지 않았을 것이다. 그리고 이 협상 내용은 시간이 흘러 자연스럽게 역사기록에서 지워버리면 그만인 일이었다. 그렇게 가장 큰 악역은 강조가 홀로 맡게 되었고 역사에서는 철저하게 목종 시해를 그의 단독 범행으로 몰고 간다.

이후 현종은 22년간 재위를 하고 40세에 사망하게 되는데, 그에 대한 역사적 평가는 꽤 호의적이다. 당대의 평가를 한번 들어보자.

천성이 총명하고 어질었으며, 장성한 뒤에는 학문에 통달하고 글을 공부하고 시 짓기를 좋아하였으며, 한번 보고들은 것은 결코 잊어버리는 일이 없었다. (고려사, 고려사절요)

"천추태후가 음란 방종하였으며 몰래 나라를 빼앗으려 하였는데, 목왕(穆宗)은 어머니의 마음을 상하게 할까 염려하여 그 일을 알고도 금하지 않다가, 병이 위독할 때에 이르러서야 백성들의 촉망(屬望)을 알아차려 천추태후의 악당(惡黨)을 제거하고, 사자(使者)를 급히 보내어 태자(현종)를 맞아 와서 왕위를 전해주어 왕실을 튼튼하게 하였다. 그러나 천추태후가 끼친 화근으로 병권을 가진 신하(강조)가 반역을 일으키고, 강한 이웃나라인 거란이 틈을 엿보아 군사를 일으켜 침입하여서 경성의 궁궐이 모두 잿더미가 되고 임금이 파천(播遷)하였다. 반정(反正)한 후에는 오랑캐와 화호(和好)를 맺고, 전쟁을 쉬고 문덕(文德)을 닦으며, 부세(賦稅)를 박하게 하고 요역(徭役)을 가볍게 하며, 준수한 인재를 등용하고 정사를 공평하게 하여, 내외(內外)가 평안하고 자주 풍년들었으니, 이른바 옛날에 '<u>하늘이 장차 일으키려 하면 누가 능히 그를 폐하랴?</u>'고 한 말이 어찌 옳지 않겠는가?" (최충)

문헌공(최충)의 말은 세상에서 이른바 천명(天命)이란 것이다. … 인군이 천명만 믿고 욕심을 멋대로 부려 법도를 파괴하면, 비록 나라를 얻었을지라도 반드시 잃고 마는 것이다. 그러므로 군자는 세상이 다스려졌을 때에도 장차 요란하게 될까 생각하고, 편안할 때에도 장차 위태하게 될까 생각하여, 종말을 처음과 같이 삼가서 일으켜 준 천명에 보답하는 것이니, 현종 같은 이는 공자가 이른바 '<u>나는 그에게 흠잡을 것이 없다</u>'는 것이다. (이제현)

이 정도면 극찬이다. 하늘이 일으켜 세우려고 했던 인물이자 흠잡을 데가 없는 완벽한 군주라고 하였으니 말이다. 현종 원문대왕(顯宗 元文大王)이라는 그의 시호도 위대한 업적과 으뜸가는 문치를 이룬 왕이었다고 한 것이니 이보다 더한 칭찬이 또 있을까 싶다.

하지만 그는 7년이나 궁에서 같이 생활하였고 위급할 때 자신을 기꺼이 도와주었으며 동궁 즉 태자의 지위로 그를 대하였던 목종을 배신하였다. 그의 배신은 이번 한번이 전부가 아니었다. 한번 배신한 이는 또 다시 배신할 수가 있다. 그의 또 다른 배신은 좀 더 치명적이었음을 우리는 다시 보게 될 것이다.

여담이지만, 그가 현종이라는 시호를 얻게 된 것과 관련해서는 조금 다른 한자이지만 같은 발음의 당나라 현종(玄宗)이 자연스럽게 연상된다. 현종 이융기(李隆基, 685~762)는 '개원의 치(開元之治)'라는 당나라의 태평성대를 열었던 장본인으로 제2대 황제인 당 태종 이세민과 함께 당나라의 위대한 군주로 칭송받는 존재였다. 고려에서는 현종에 앞서 제4대 광종(光宗)이 당 태종의 치세를 주제로 한 『정관정요(貞觀政要)』란 정치학 교재를 탐독했을 만큼 당나라의 치세에 많은 관심을 가졌었는데, 그래서 현종 역시 당나라의 현종에서 시호를 딴 것이 아닐까 싶기도 하다. 특히 현종이 거란 군의 침입으로 인해 불가피하게 나주까지 피난을 떠나야 했듯이 당 현종 역시 안록산(安祿山)의 난 때문에 저 멀리 촉(蜀) 땅까지 온갖 고생을 감수하며 피신해야 했던 것도 무척 닮아 있다.

결정적으로 이 둘의 공통점은 공식적인 평가와 개인적인 삶의 괴리가 크다는 점이었다. 당 현종의 경우 공적으로는 시대의 명군으로 추앙받았지만, 사적인 영역에서는 치세 후반에 양귀비에게 마음을 빼앗기고 간신들에게 눈이 멀어 국정을 소홀히 하다가 초유의 국가적 재난을 초래했다는 치명적 오점을 남겼다. 심지어 지방으로 피난 가는 동안 어떻게 하면 이 혼란을 극복할 것인지에 대해서는 전혀 신경도 쓰지 않고 오로지 자신의 목숨을 건지는 데에만 몰두하였던 점은 둘이 거의 판박이와 같다.

　아마도 현종 사후에 그의 시호를 지을 때 당나라의 사례를 참고하면서 개원의 치를 이룬 영민한 군주와 같은 의미로 그에게 현종(顯宗)이라는 시호가 주어졌던 것이겠지만, 사실은 그런 개인으로서의 한계에 대한 배경지식까지 갖춘 누군가가 역설적으로 그를 비꼬기 위해 중의적 의미로 이 시호를 추천하였던 것은 아니었을까 싶다. 마치 광종(光宗)이란 시호가 그냥 봐서는 '빛의 군주'라는 좋은 뜻이면서도, 또 다른 한자인 '미친 군주'라는 뜻의 광종(狂宗)을 살짝 달리 표현하였던 것처럼 말이다.

5
장 치
적

　　　　강조는 집권 후 정치개혁부터 시작했다. 이미 서경에서 진격해오면서 미리 구상을 마친 듯한 빠른 움직임이었다. 이 구상은 현종과 채충순, 최항 등의 친현종파 세력과 사전 협의된 것임은 물론이었다.

　현종의 즉위 다음날인 2월 4일, 강조는 성종 때 중추원이 설치되었다가 뒤에 은대(銀臺), 중추원(中樞院)의 남원과 북원으로 나뉘어 운영되었던 이 세 조직을 폐지하고 대신 그곳들의 모든 업무를 가져와 권한을 하나로 모은 중대성(中臺省)을 새로 설치하였다. 다음은 그에 대한 인사발령이다.

❦ 중대사(中臺使) : 강조 (중대성의 최고책임자)

❦ 중대부사(中臺副使) : 이현운 (차선임자)

❦ 직중대(直中臺) : 채충순, 윤여

아무래도 무력을 갖춘 친강조파가 가장 큰 지분을, 그리고 채충순으로 대변되는 친현종파가 그 다음 가는 지분을 가져간 구도였다.

강조는 서북면 도순검사로 나가기 전 중추사(中樞使)로서 중추원의 장관을 맡았었는데 이번에 다시 자신이 가장 잘 아는 조직을 맡으면서 동시에 다른 조직들까지 통폐합하여 가져가는 모양새였다. 다만 최항은 이 인사발령에서 제외가 되어 있는데, 강조 다음에 중추사를 맡았던 최항 입장에서는 이번에 그 자리를 잃게 된 셈이었다. 목종이 쫓겨났을 때 목종을 수행하였던 것으로 보아 현종의 반정에 참여는 하였지만 목종 시해까지는 동의하지 않았거나 해서 밉보였던 것은 아니었을까. 즉 순수 친현종파라고 하기엔 어렵고 동시에 친목종파에도 속하는 인물이었던 데다가 강조에게 따끔하게 한 마디 하였던 전력 때문에 잠시 소원하였던 것은 아닌가 싶기도 하다.

이번에 상서도성의 우승(종3품)까지 겸직한 윤여(尹餘)는 이 이전까지는 이름이 등장하지 않던 인물인데 이후 왕위계승과 관련해서 거란과의 외교전에서 활약했다는 것은 곧 현종이 신뢰할 수 있었다는 뜻이니 친현종파로 분류해도 틀림이 없을 것이다.

이로써 고려의 중앙정치체제는 강조에 의해 기존의 2성6부 체제에서 중국식의 3성6부 체제로 개편되었다. 강조는 기존의 2성을 건드리지 않고 추가로 성(省)을 만든 것인데, 사실 이미 고려에서는 중추원이 사실상 내사문하성에 필적하는 지위를 가지고 있었다. 얼마나 강한 권력기관이었는지 중추원과 내사문하성의 고위관료들을 통칭하는 재추(宰樞)라는 용어가 일반적으로 사용되었을 정도였다. 강조의 개혁은 그 현실에 맞게 중추원을 중대성으로 업그레이드 하는 것이었다. 더불어 자신이 두 최고권력기관 중 한 곳을 차지함으로써 권력가의 길로 한 걸음 내딛은 것이기도 했다.

참고로 중대성이라는 이름은 당시의 중국 역사에는 나오지 않는 관청인데 이번에 중추원의 중(中)과 은대의 대(臺)를 조합하여 만든 단어로 볼 수도 있지만, 이보다 약 100년 전 발해에서 사용된 용어라는 사실에도 주목해볼 수 있다. 이보다 몇 년 후인 1014년에 거란에서 압록강 접경지역에 보주(保州)를 설치하고 발해인들에게 수비를 맡기는 것을 보면 아직도 요동지역에는 발해유민들이 많이 거주하고 있었다. 그래서 유충정 같은 발해 출신들로부터 과거 발해정부에 대한 정보를 많이 들을 수 있었기에 이를 통해 아이디어가 더해진 것은 아닐까 그저 상상해볼 뿐이다. 어쨌든 발해에서는 정당성, 선조성, 중대성의 3성 체제였고 고려에서도 이번에 그와 비슷하게 은대의 왕명 전달과 중추원의 숙위 기능 등이 합쳐져 국왕 측근으로서의 궁내 중요 업무를 총괄하는 최고권력기관으로 중대성이 자리매김하면서 내사문하성, 상서도성, 그리고 중대성의 3성 체제가 완성되게 된 셈이었다.

내사문하성은 사실 내사성과 문하성이 합쳐진 것이지만 이원화된 체계로 운영되었고, 상서도성은 이 내사문하성의 지휘를 받는 위치여서 같은 성(省)이어도 동급은 아니었다. 그런 관계로 내사문하성과 중대성이 중요도 면에서 가장 핵심을 차지하고 상서도성은 실무기관으로서의 지위를 유지했다.

그리고 다음달 3월에 2차 인사발령이 발표되었다. 이때에는 반정 공신들이 본격적으로 전면에 등장했다.

- 문하시중(종1품) : 유윤부 (내사문하성의 장관으로 고려의 최고위관직이며 일종의 수상 역할)
- 문하시랑 평장사(정2품) : 유방헌 (내사문하성 소속, 차관급)
- 이부상서(정3품) 참지정사(종2품) : 강조 (상서도성 소속, 문관의 인사와 훈봉 등 업무를 처리하는 이부의 장관급, 참지정사는 내사문하성 소속으로 국가의 주요 정무를 의논하고 결정하는 역할)
- 형부상서(정3품) 참지정사(종2품) : 진적 (상서도성 소속, 법률 및 각종 소송을 담당하는 형부의 장관급)
- 상서 좌복야/우복야(정2품) : 유진, 왕동영 (상서도성 소속, 총책임자인 상서령의 다음 가는 관직)
- 좌산기상시/우산기상시(정3품) : 최항, 김심언 (내사문하성 소속, 국왕에게 직언을 하는 간관)
- 이부시랑(정4품) 겸 좌간의대부(정4품) : 채충순 (상서도성 소속, 이부의 차관급, 좌간의대부 역시 국왕에게 직언을 하는 역할)
- 병부상서(정4품) : 김려 (상서도성 소속)
- 공부상서(정4품) : 문인위 (상서도성 소속)

유윤부는 6년 후인 1015년, 유방헌은 이해 8월에 사망하는 인물들인데, 특히 유방헌은 목종 때 간관이 되었음에도 직언을 하지 않는다는 평가를 듣고 답하기를 자신은 남의 잘못을 지적하여 자기가 깨끗한 척 하는 것을 싫어한다고 하였을 만큼 유화적이고 둥글둥글한 인물이었다. 이처럼 국정의 총괄 역할을 하는 내사문하성의 최고 위직들을 이렇게 나이 많고 말썽 부리지 않을 만한 인물들로 채워 넣었다는 것은 그 자리가 허울뿐인 명예직으로 전락했으며 실질적인 권력은 다른 이들이 나눠가졌음을 의미한다.

반정의 주역이 된 강조는 앞서 중대성은 이미 장악하고 있었고, 이번에 상서도성 소속 6부에서 인사권을, 내사문하성에서 국정 운영의 역할을 동시에 차지하였다. 이로써 그는 3성6부를 완전히 지배하게 되었다. 명실상부한 고려의 최고권력자로 등극한 셈이다.

다른 인물들도 각각 살펴보자면, 진적은 천추전 화재사건 당시 궁전 내부에서 숙위를 하던 인물로 나중에 문하시랑까지 올라가는데, 친현종파로 볼 수 있다. 유진도 화재사건 때 채충순, 최항과 함께 은대에서 숙위하던 인물인데, 마찬가지로 친현종파로 분류할 수 있다. 왕동영은 목종 때에 합문사(閤門使)란 직책에 있었는데, 목종의 즉위를 거란에 알리는 외교사절의 역할을 하였으며 이후 내사시랑 평장사(정2품)까지 오르게 된다. 김심언은 성종 때 등장하여 역시 나중에 내사시랑 평장사까지 오르는 인물인데, 부드러운 성격으로 주위의 평이 좋았다고 기록되어 있다.

김려는 이 앞뒤로 행적이 나타나지 않기 때문에 정확한 정보가 없고, 문인위는 목종 때 천추궁의 궁사(宮使)로 오랫동안 성실하게 복무해왔는데, 김치양이 처단될 때 그와 연루된 많은 궁정 관료들이 죽거나 귀양 가는 와중에 강조의 비호로 살아남은 인물이었으므로 친천추태후파에서 갈아탄 친강조파로 봐도 무방하다. 그는 이번에 강조의 도움으로 공부상서가 되어 정권의 중심으로 들어는 왔지만, 다만 강조 사후에도 현종에 의해 숙청당하지 않고 상서좌복야 참지정사까지 올랐다가 몇 년 후 죽는 것으로 보아, 나이가 많기도 하고 진솔하고 꾸밈이 없는 모나지 않은 성격으로 굳이 정권에 위협이 될 정도로 처신하지는 않았던 것으로 보인다.

이제 최항과 채충순이 다시 등장하는데 각각 내사문하성과 상서도성을 맡았다. 최항은 2월에 중추원이 없어지고 중대성으로 통폐합되면서 중추원사라는 자신의 직위를 잃었었는데 이번에 새로 자리를 받게 되었다. 여기서 주목해볼 것은 그보다는 채충순이다. 그는 강조와 마치 파트너인양 같은 조직들을 위아래로 맡는 모습을 보이는데, 이는 품계는 상대적으로 밀리는 듯 보여도 그가 이때만 해도 친현종파에서 강조의 정치적 파트너 역할을 맡는 모양새를 취하는 것이었다. 다만 그렇다고 그가 친현종파를 대표하는 것은 아니었다. 이에 대해서는 차차 알게 될 것이다.

그런데 이중에는 현종 옹립의 공이 큰 데도 모습을 드러내지 않는 이가 있다. 바로 고영기를 통해 현종 옹립의 공을 세운 유충정이다. 그는 도대체 어떻게 된 것일까? 채충순과 최항은 이번 인사발령에 이름을 올리고 있지만 그는 이후 조정에서 그 존재가 완전히 사라진다. 목종을 수행하여 법왕사로 간 것까지는 추적이 되는데, 그럼 아마도 목종이 귀양 가는 길까지 계속 따라갔던 것은 아닐까 짐작은 해볼 수 있지만, 여전히 그 다음 행적은 묘연하다. 최소한 유충정은 친헌종파에 가담하지 않고 목종에 대한 신뢰를 끝까지 지켰던 것은 거의 분명해 보인다.

그런데 그의 이후 동향을 유추해볼 수 있는 기록이 20년도 더 지난 1030년에 나타난다.

"홍요국의 행영도부서(行營都部署) 유충정(劉忠正)이 영주자사(寧州刺史) 대경한(大慶翰)을 보내어 표문을 가지고 와서 구원병력을 요청하였다. (고려사)"

이 당시는 같은 발해유민 대연림(大延琳)이 1029년 8월 거란의 동경에서 쿠데타를 일으켜 홍요국을 건국한 상태였고, 한동안은 여진족까지 끌어들여 세를 확장해나갔지만 거란이 강력한 토벌 의지를 가지고 공격해오자 수세에 처한 상황이었다. 이 때문에 고려에 수차례 협조를 구하였는데, 당시 최고 권력의 지위까지 오른 최사위와 채충순 등이 위험성을 경고하면서 반대하여 고려와 홍요국의 협력은 이루어지지는 않았다.

아마도 유충정은 목종 시해 사건 이후 얼마 안 되어 어떤 사유에서인가 고려를 떠나 발해유민들이 사는 지역에 합류하여 있다가 나중에 흥요국이라는 발해부흥운동 당시 대연림에게 가담해서 적극적으로 활동하였던 것일 텐데, 어떻게 그는 그 사이에 거란의 땅까지 가게 된 것일까? 이와 연관이 있을 지도 모르는 기록이 거란의 역사서인 『요사』에 전해진다. 목종 시해 후 1년여 지난 다음 발발하는 거란과의 전쟁 당시에 포로로 끌려갔을 가능성이다.

☙ 영주(寧州) 1011년에 고려를 치고 발해의 항복한 백성들로 설치하였다.
☙ 귀주(歸州) 태조 야율아보기가 발해를 평정하고 항복한 백성들로 설치하였다가 뒤에 폐지하였다. 1011년에 고려를 정벌하고 사로잡은 발해 백성들로 다시 설치하였다.

이는 거란이 고려를 침공하였을 때 고려 내에 거주하던 발해유민들도 상당수 포로로 잡아간 사실을 말해주는 것인데, 영주자사 대경한도 이곳 영주의 발해유민이었고 유충정이 그의 상관으로 등장하는 것을 보면 그가 이들 지역을 포괄하는 책임자 역할이었음을 미루어 알 수 있다. 그렇다면 유충정은 전쟁 당시 고려의 고위직 관리로 거란 군에 생포되어 끌려가서 이 인근 지역에서 항복한 고위직 관리로 지내다가 대연림의 쿠데타에 가담하여 자신의 출신지인 고려에 지원군을 요청하게 된 게 아니었을까 짐작해볼 수 있겠다. 단순히 고려를 도망쳤던 인물이라면 다시 고려에 지원을 요청한다는 게 납득이 안가는 상황이겠지만, 이처럼 강제로 포로로 끌려갔던 상황이라면 고국에 지원 요청하는 게 충분히 해볼 만한 일이었을 것으로 여겨진다. 안타깝게도 흥요국의 멸망 당시에 그는 어떻게 되었는지는 알려져 있지 않다. 고려로 돌아오지 않은 것만은 확실하다.

이상의 내용을 종합해보자면, 현종 옹립 쿠데타에서 무장 세력인 강조는 가장 큰 지분을 차지하여 중앙정치체제를 현실화하는 개혁과 함께 3성6부를 사실상 장악하는 데 성공하였고, 또 다른 쿠데타 협력자인 채충순 등 친현종파 역시 다음 가는 지분을 나누어갖고 국정운영에서 권력을 일정 부분 확보하는 형태로 정치체제 개편은 마무리되었다. 아직 강조 입장에서는 바로 손 안에 무력은 쥐고 있다 하더라도 채충순 등의 문관계 친현종파 세력들을 완전히 밀어낼 만큼 상황을 휘어잡고 있는 수준은 아니었을 것이다. 혹은 정말로 정치적 파트너로서 인식하고 이들과 국정운영을 원활히 이끌어나가는 것으로 목표로 하고 있었을 지도 모를 일이다. 상대방들이 과연 그런 강조의 생각에 얼마나 동의하고 있는지는 별개의 문제였겠지만 말이다. 어쨌거나 잠재적 경쟁자들과의 동거는 이후에도 한동안 이어진다.

1009년 8월 유방헌이 세상을 뜨면서 문하시랑 평장사 자리가 공석이 되자, 10월 위수여가 그 자리를 차지하고 진적이 대신 내사시랑 평장사로 승진하였다. 위수여는 광종 때부터 관직 생활을 오래 해온 인물로 온건파로 분류되었다. 다만 나이가 많아 유방헌처럼 불과 3년 후인 1012년 세상을 하직하는 것으로 보아 역시나 실권보다는 명예직처럼 그저 그 자리를 채워넣는 존재로 활용되었음을 알 수 있다.

고려의 중앙정치제도

  보통 고려의 정치제도는 2성6부 체제라고 부르는데, 물론 중국의 선진사례를 벤치마킹하여 그 당시의 실정에 맞게 변형하여 도입한 것이었다. 태조 때 고려를 건국하면서 큰 틀을 잡았지만 체계적으로 정리가 된 것은 유교군주를 지향하였던 성종 때였다. 그리고 현재의 우리들이 일반적으로 알고 있는 고려 정치에 관한 정보들은 대개 행정체계 개편이 일단락된 문종 시기에 기반하고 있다. 고로 가급적 성종부터 목종, 현종 당시에 가장 가까운 정보 위주로 구성해보면 다음과 같다.

  내사문하성은 원래 내사성과 문하성이 결합된 것으로, 당초 중국에서 3성6부라 하였을 때의 그 중 2성이 고려에서는 합쳐져서 이와 같이 정착되었다. 국정 업무를 총괄하고 법안 제정 등의 권한을 가졌던 내사문하성이 고려의 최고정무기관의 위치에 있었다. 이 내사문하성이 2성6부 중 1성이다. 이곳의 최고책임지가 곧 문하시중으로, 오늘날로 치면 국무총리에 해당된다. 바로 밑에는 문하시랑 평장사와 내사시랑 평장사가 같은 급으로 있었다.

2성6부 중 또 다른 1성은 상서도성이다. 내사문하성에서 결정한 정책을 집행하는 기구로, 6부를 거느리고 있는 상위조직이지만 당시에는 국왕이 직접 6부에 명을 내리는 것이 일반적이었기에 상서도성의 역할은 그다지 크지 않았다고 한다. 장관은 상서령이었고, 차관급은 2명으로 좌복야, 우복야가 있었다.

2성6부에서의 6부는 흔히들 들어본 이부, 호부, 예부, 병부, 형부, 공부를 말한다. 현대에서의 각 장관들이 담당하고 있는 부들을 떠올려보면 되겠다. 각 부의 장관은 상서, 차관은 시랑이었다. 각 부의 대략적인 담당업무는 다음과 같다.

- 이부 : 관료 인사
- 호부 : 재정, 지방행정
- 예부 : 교육/윤리, 외교
- 병부 : 국방
- 형부 : 사법, 치안
- 공부 : 각종 공사

그리고 내사문하성만큼 중요한 정치기구였던 중추원은 은대의 역할을 합쳐서 군사 업무와 왕명의 전달을 담당하는 조직이었다. 이곳 중추원의 구성원들을 추신(樞臣)이라 부르고 앞서 내사문하성의 구성원들을 재신(宰臣)이라고 하였는데, 둘을 한꺼번에 부를 때에는 재추(宰樞)라 하였다. 일반적으로 고려의 정치권력은 국왕과 이들 재추들에게 집중되어 있는 형태였다. 국왕은 6부에 직접 명령하여 국정을 운영하였고, 재추는 국가의 중요한 문제들을 논의·결정하였을 뿐만 아니라 6부의 판사를 겸직하여 실제 집행까지 장악하고 있었다.

그렇다면 이들의 권력남용을 감시하고 견제하는 조직도 필요했을 텐데, 그 역할은 내사문하성 내의 낭사(郎舍)와 또 별도로 감찰 업무를 수행하는 어사대(御史臺)가 담당하였다. 기타 국가 재정을 담당했던 삼사 등 각 필요에 맞는 다양한 조직들이 시기에 따라 존재하였다.

그리고 관료들은 지금의 공무원에 해당되는데, 공무원에게 급이 있던 것처럼 당시 관료들에게는 품계가 있었다. 정1품, 종1품, 정2품, 종2품, … 정8품, 종8품, 정9품, 종9품에 이르기까지 총 18품계로 구성된 형태였다. 물론 숫자가 작을수록 고위직이었다.

이들 관료의 숫자는 문종 때를 기준으로 살펴보자면 문관 532명, 무관 3,867명으로 도합 4,400명 정도 되는 규모였다. 그나마 가장 말단인 9품들이 2,961명으로 대다수를 차지하고 있었기 때문에, 이를 제외하면 1~8품계의 총원은 고작 1천여 명에 불과한 수준이다. 오늘날 대한민국의 공무원 수 100

만 명과 비교해보면 무척이나 작은 정부였다고 할 수 있겠다. 조선시대와도 비교해서 보자면, 문관 1,779명, 무관 3,826명으로 합쳐서 5,600여 명 정도 되었으니, 상대적으로 오늘날의 관료집단이 얼마나 방대한 것인지 짐작해볼 수 있다.

강조의 두 번째 개혁 대상은 궁정이었다. 새 술은 새 부대에 담기 위해 궁에서 천추태후의 색깔을 지우는 일들이 남아 있었다.

우선 쉬운 것부터 시작했다. 음악을 가르치는 교방(敎坊) 소속의 궁녀 100여 명에게 자유를 주어 내보냈고 얼마 후에는 기생들의 가무(女樂)도 마찬가지로 없애버렸다. 또 천추태후가 창건하여 김치양과 함께 노닐던 장소인 낭원정을 헐어버려 진귀한 새와 기이한 짐승, 거북이와 물고기 등을 산과 연못에 풀어주었다. 직접적으로 대중의 눈에 보어주기에 좋은 것들이었다. 불필요한 낭비를 줄이면서 현종에게 도덕적인 군주의 이미지를 심어주기에 좋은 아이템이기도 했다. 더군다나 이것들은 목종 치세에서 생기고 확대된 것이니 전 정권의 치세를 부정하는 효과도 있었다. 쿠데타 세력은 목종과 나아가 천추태후를 평가절하 함으로써 자신들의 정권의 정당성을 꾀한 것이었다.

그리고는 국왕의 가정을 만드는 일에 착수했다. 그해 5월 성종의 아내인 문화왕후(文和王后) 김 씨의 외동딸을 현종의 배필로 맞아들였다. 다시 한 번 말하지만 고려 왕가는 태조 왕건의 핏줄을 중시여겨 근친혼이 당연히 여겨졌었고, 왕후로 맞아들이는 이들의 성씨는 그래서 외가 쪽을 따르는 문화가 있었다. 당시의 일반적인 관행이었으니 오늘날의 기준으로 재단해서는 안 된다는 점 유의할 필요가 있겠다.

하여튼 그녀의 호칭은 당시에는 현덕왕후(玄德王后)라 하였는데 어머니의 거처인 현덕궁(玄德宮)을 물려받았기 때문으로 보인다. 1018년 4월 현종보다 일찍 세상을 떠서 사후에 원정왕후(元貞王后)라는 시호가 주어졌다. 그녀는 거란 침공 시 현종을 따라 피난 가던 당시 임신한 상태였는데, 이후에 출산 이야기가 없는 것으로 보아 유산하였거나 혹은 낳았어도 일찍 죽은 것은 아닐까 짐작된다.

날짜는 알 수 없지만 그해 안에 성종의 또 다른 딸이자 현덕왕후의 이복자매가 되는 최 씨와도 결혼을 하였다. 처음에는 항춘전왕비(恒春殿王妃)라 불렸지만 얼마 후 항춘전을 상춘전(常春殿)으로 바꾸면서 상춘전왕비로 고쳐 불렀다. 그녀도 현덕왕후처럼 현종을 따라 피난을 갔고, 이후 딸 둘을 낳았다. 피난 당시에는 대명왕후(大明王后) 내지 대명궁주(宮主)라고 불렸는데 아마도 나중에 대명궁으로 옮겼기 때문이 아닐까 추측된다. 사후에 원화왕후(元和王后)로 시호를 정하였다.

이 두 여인과의 결혼으로 현종은 목종을 건너뛰어 성종의 사위가되는 효과를 얻게 된다. 즉 왕위계승의 정통성 문제를 결혼을 통해 보완한 셈이었다. 하지만 이 결혼은 현종의 자신의 결정이었다기보다는 강조 혹은 주변 공신들의 제안이었던 듯한데, 왜냐하면 현종은 그다지 이들을 사랑한 것 같지는 않기 때문이다. 나중에 다시 보겠지만 심지어 현종은 위기상황에서 자기가 살기 위해 아내를 저버리는 몰지각한 행위도 서슴지 않았고, 전란 이후에 얻은 부인을 더 아끼는 모습을 보이기도 한다. 이는 다시 말하면 이때의 결혼이 스스로 원해서 한 것이라기보다는 의도적인 정략결혼이 아니었겠는가 하는 짐작을 해볼 수 있겠다. 물론 왕가에서 어찌 사랑만으로 결혼이 이루어지겠나 싶긴 하다.

그리고 이어서 7월 국왕의 스승을 정하였다. 현종의 사부(師傅)로 꼽힌 이는 한림학사 최항이었다. 현종이 남긴 교서를 한번 보자.

"나는 어려서 부모를 여의고 제대로 된 교육을 받지 못했으므로, 옛 전례를 따라 사부가 될 만한 이를 얻으려 하오. 한림학사 최항은 밝은 식견과 높은 재주가 참으로 그 동료들 중에서도 뛰어난 사람이니 정당문학으로 임명하여 나의 스승으로 삼고자 하오."

그런데 최항은 972년생으로 이때 나이 겨우 38세였다. 아무리 현종이 18세로 나이가 어리고 최항과 스무 살 차이가 난다 해도 국왕의 스승으로 삼기엔 너무 젊지 않았나 싶다. 아마도 최항이 고려 초 문명을 떨쳤던 최언위의 손자이자 본인도 유학을 업으로 삼았던 선

비였던 만큼 본인의 평판과 능력 양 측면에서 국왕의 스승으로 지목 받았던 것 같긴 하다. 강조가 보기에도 최항같이 재물 욕심이 없고 청빈을 중요시 여기는 온화한 인물이라면 국왕의 스승으로 제격이 라고 판단해서 쉽게 동의했을 수도 있겠다.

참고로 채충순의 나이도 계산해보자. 그의 아버지 채인범은 934년 생인데 고려로 넘어온 것은 조금 늦어서 광종 때인 970년이다. 그는 최 씨 아내와 결혼해서 채충순을 낳게 되는데, 이 최 씨가 당시 상황이나 이름에서 느껴지듯이 고려인이라면 970년 이후에 채충순은 태어난 것이 된다. 즉 가장 빨리 낳았다고 치면 최소 971년생이 될 테니 1009년 당시에는 39세 이하로 추정해볼 수 있을 것이다. 대략 최항과 비슷한 30대 중후반 정도로 보면 크게 무리가 없을 듯하다.

이에 더하여 강조는 현종의 소원도 들어주었다. 1009년 4월 9일, 현종의 아버지 왕욱(王郁)을 안종 효목대왕으로, 어머니 헌정왕후 황보 씨를 효숙왕태후로 추존하였다. 오랫동안 왕가에서 무시되었던 부모의 명예를 되찾아준 것이었다. 다른 것은 몰라도 이것만큼은 현종으로서도 오랜 숙원이었을 것이다. 이후에도 현종은 긴 시간을 들여 부모의 복권을 위해 다양한 사업들을 벌이게 되는데, 대표적으로 현화사의 건립과 그곳에 남겨진 현화사비를 통해 그의 불행했던 부모에 대한 애절한 마음을 오늘날에도 우리는 직접 느낄 수가 있다.

어쨌든 이를 기념하여 4일 후인 그달 13일, 대대적인 사면령을 내려 이를 국가적인 경사로 축복하였다. 또한 늙고 병든 사람들을 돕도록 하고, 채납된 부채와 세금을 감면해주고 부역을 가볍게 해주었으며, 공신과 어진 이들을 표창하고 국가 공로자들에게 상훈을 주었으며, 군량을 마련하고 문무 관료들의 벼슬을 높여주었다. 이 모든 것은 현종 개인의 기쁨을 국가와 함께 나누는 일이었다.

여기까지는 그럴 듯하고 어찌 보면 당연한 일이었다. 그런데 강조는 위험하게도 한 걸음 더 나아갔다. 태조 왕건의 아들이자 개국공신 유금필의 외손자가 되는 효은태자(孝隱太子)는 광종 시절 반역 혐의로 숙청을 당했었는데, 이때 그의 두 아들인 왕림(王琳)과 왕정(王楨)은 나이가 어리다는 이유로 겨우 살아남을 수 있었다. 이후 이 둘은 민가에 숨어 살면서 겨우 목숨만 부지하며 살고 있었는데, 강조가 왕림과 왕정을 찾아서 작위 및 노비와 전장을 주어 왕실에 등록될 수 있도록 도와주었다.

추정컨대 아버지의 숙청 당시 최소한 10살은 넘지 않았다고 가정해보자면, 강조에 의해 복권된 무렵의 나이는 대략 45세 정도가 될 것이다. 이 정도 나이면 강조와 대략 엇비슷한 또래가 아니었을까 싶은데, 아마도 원래부터 알고 지내던 사이였고 이 기회에 이들을 왕실에 재등록시켜 왕족으로 다시 살아갈 기회를 준 것은 아닐까 생각된다.

왜 강조는 왕실의 적자인 현종이 생존해 있는데도 또 다른 왕족들을 군이 찾아내어 왕실을 보충하였을까? 이는 정말 상상을 할 수밖에 없는데, 현종이 아직 나이가 어리기도 해서 만일을 준비해야 한다고 판단했거나 혹은 어떤 상황에서 국왕이 교체될 필요가 있는 모종의 사건이 발생했을 때 일종의 백업으로서 태조 왕건의 직계혈통이 필요할지 모를 일을 대비하기 위함이었던 것은 아니었을까. 아니면, 현종에게 당신이 아니어도 왕위를 이을 인물은 더 있다는 시그널을 주기 위한 것이었을 가능성은 없을까.

현종 입장에서는 이 일만큼은 썩 기분 좋은 일은 아니었을 듯싶다. 자신이 나이는 어려도 나이 많은 왕림 및 왕정과 같은 항렬, 즉 같은 태조 왕건의 손자인데 이들의 복권이 자신에게 결코 유리하지만은 않다는 사실은 명백히 느낄 수밖에 없었을 것이다. 천추태후와 김치양의 자식도 경쟁상대가 될 수 있다는 사실 하나만으로 죽었는데, 이들도 엄밀히 말하면 잠정적인 왕위 계승권자일 수 있는 대상이었다. 자신은 불륜의 소생이라는 약점이 있어서 그것이 평생 스트레스였다면, 이들은 비록 반역자로 낙인찍힌 아버지의 자식들이지만 정상적으로 태조 왕건의 핏줄을 이어받은 부분만큼은 현종을 앞섰다.

어쨌거나 이 문제는 앞서 연총전에서의 만세 사건과 더불어 현종의 가슴 속 깊이 남게 되었던 것으로 보인다. 참고로 왕림은 이후 상서좌복야(尚書左僕射, 정2품)까지 올라서 죽었고, 왕정은 태자첨사(太子詹事, 동궁 소속으로 태자의 교육을 담당, 종3품), 상경거도위(上輕車都尉, 명예직인 무관의 훈관, 정4품)에 올랐다가 얼마 후인 1012년에 사망하였다. 현종에게는 그나마 다행이었을 것이다.

그 다음 추진한 것은 군사 개혁이었다. 그가 서북면 도순검사로 외직에 나가 있어봤기 때문에 관심이 있었던 것일 수도 있고, 그에게 참여한 무장들을 통해 군사력 보완에 대한 필요성을 느끼게 되었던 것일 수도 있다. 어쨌든 그의 관심사항은 신무기와 방어시설에 집중되었다.

검차(劍車)는 강조가 고려 역사상 처음 사용한 것이다. 차체에 칼을 여기저기 꽂아 적의 접근을 막으면서 주로 기병을 공격하는 용도의 일종의 전차라고 할 수 있는데, 그가 전쟁에 대비해 이 검차를 준비하였던 이유는 이 당시 잠재적국이 바로 다름 아닌 유목민족인 거란족이었기 때문이었다. 그들은 농경민족인 고려인과 비교해 기병 전력이 월등했다. 일반적으로 기동성이 우수한 기병과 보병이 전투를 벌이면 당연히 후자가 절대적으로 불리할 수밖에 없었다. 이보다 후대에 윤관이 여진 정벌을 추진할 때 기병 전력의 보강을 주장했던 것도 그런 이유에서였다. 강조는 이러한 고려군의 약점을 검차라는 당시의 신무기를 통해 일거에 해결하고자 하였던 것이었다. 기병이 달려오면 검차로 대응하여 기수의 보병 공격을 원천 차단하고 역으로 차체의 칼날로 말들을 공격하여 기병을 무력화시키는 형태의 전투 패턴이 되었을 것으로 보인다. 그는 이 검차를 이용하여 실제로 이후 거란 군과의 수차례 전투에서 연전연승을 할 수 있었다.

과선(戈船)도 고려에서 이때 처음 등장한다. 배의 앞에는 철뿔(衝角)을 설치해 충돌하여 적선을 파괴하는 역할과 함께 배 선현에 창검을 장치하여 적이 올라타는 것을 방지하는 형태를 취하였을 것으로 추정되는데, 실물이나 그림이 전해지지 않아 구체적인 형태는 현재로서는 알 수 없다. 1009년 3월 과선 75척을 만들어 동북의 여진 해적을 막는 용도로 진명구(鎭溟口, 함경남도 덕원)에 실전 배치시켰다. 이후 1015년, 1029년 등 실제로 이 과선을 활용해 여진 해적선과 교전하여 격퇴시킨 기록도 나오고, 1018년에는 여진 해적들에게서 일본인 포로를 구출해내기까지 한다. 학자에 따라서는 조선시대 거북선의 효시로 보기도 하는데 정확한 사정은 아쉽지만 알 수가 없다.

그리고 그해 3월 개경의 외곽을 크게 둘러싸는 나성(羅城)의 축조 계획을 검토하기 시작했다. 강조 당시까지만 해도 개경은 오늘날의 개성의 모습과는 많이 달랐다. 궁성, 황성, 내성, 나성의 4단계로 된 것은 조선시대 때의 일이고, 내성을 뺀 궁성, 황성, 나성이 고려 말까지 이어진 모습인데 이 나성이 완성된 것은 1029년 곧 현종 재위 20년 되던 해였다. 즉 강조 당시만 하더라도 궁성과 이를 둘러싼 황성만이 개경의 모습이었던 것이다.

이 논의 직후부터 공사에 착공해서 20년 내내 공사를 하였다는 의미는 아니다. 이때 처음 필요성이 검토되어 전체적인 계획이 나왔고 곧바로 공사에 착수를 하는 듯했지만 얼마 후 발발한 거란과의 전쟁으로 인해 무기한 연기되어 제대로 실행에 옮겨지지는 못하였다. 그러다가 거란 군의 침공을 직접 경험해본 강한찬이 그 필요성을 적극적으로 어필하며 재건의를 한 것이 통과가 되었고 이로써 축조가 재개될 수 있었다. 이렇게 본격적으로는 약 10년간 공사가 추진되어 뒤늦게 완성이 된 것이 오늘날 부분적으로 볼 수 있는 나성이다. 이 나성의 건축에 동원된 총 인원이 238,938명이었고 여기에 더하여 기술자도 8,450명이 투입된 당시로서는 초대형 공사였다. 그 결과물이 바로 둘레 10,660보(약 23km), 높이 27척(약 8~9m)의 나성이다. 참고로 발해 상경성의 둘레가 약 16km이었음을 생각해보면 당시로서는 어마어마한 규모의 축성이었음을 알 수 있다.

강한찬의 경우 2차와 3차에 걸쳐 거란의 침공을 받아보니 나성의 필요성을 뒤늦게 깨달았을 것이지만, 이를 처음 논의하기 시작한 것은 강조 정권 때였다는 사실은 부인할 수 없는 사실이다. 거란 군과 전쟁을 벌이기 이전에 이미 강조는 나성의 필요성을 느끼고 있었다. 왜냐하면 그는 서경에서 근무하면서 분명 이미 체계가 잡혀 있는 평양성과 확장되고 있던 상황의 개경을 비교할 기회가 있었을 것이니 한 국가의 수도로서의 개경의 방어 차원에서의 문제점이 무엇인지 정확히 인식을 하고 있었던 것으로 보인다. 또한 특히나 실제로 국방을 책임지던 일을 해보았기에 만에 하나 있을 지도 모를 외적의 수도 침공 시 방어수단도 한번 고려해보지 않을 수 없었을 것이다. 복합적으로 바라보았을 때 수도 개경은 지속적인 확장성도 고민해야 하고 그러면서 동시에 외침에 대한 방어의 기능도 아울러 강화할 필요를 느꼈으리라 생각된다. 개경의 나성 건설은 강조의 몸소 체험한 바에서 우러나온 아이디어라고 봐도 무방할 것이다.

강조가 상정했던 고려 수도에 대한 외침의 가능성은 안타깝게도 나성이 축조되기 이전에 현실화되고 만다.

끝으로, 문화 개혁이다. 강조 역시 고려인이었다. 대다수의 고려인이라면 모름지기 국교였던 불교에 심취해 있기 마련이었다. 즉 이때의 문화 개혁이란 곧 불교를 말하는 것이다.

1010년 윤2월, 성종 이후로 공식적으로 중단되었던 연등회(燃燈會)가 이때 처음으로 다시 열렸다. 고려의 풍속에 원래 왕궁과 수도로부터 지방에 이르기까지 전국적으로 정월 보름이 되면 이틀 밤에 걸쳐 연등을 해왔었는데, 유교군주를 지향했던 성종은 이를 문제 삼아서 폐지를 시켰었다. 하지만 연등회는 「훈요10조」에 따르면 불교군주를 추구했던 태조 왕건의 유훈이기도 했지만, 사실상 불교가 국교였던 고려의 국민들에게도 매우 중요한 종교행사였다. 성종 당시에만 해도 거란의 1차 침략이 있었을 때 이지백 등이 연등회의 부활을 주장했을 만큼 국민들의 불교를 통한 종교적 염원은 계속되었고, 이번에 현종의 제가를 통해 부활하게 된 것이었다.

그리고 1년 후인 1011년 2월에는 거란 군을 피해 전라도 나주까지 피신 갔던 현종이 전쟁이 종료되자 개경으로 돌아오면서 도중에 청주(淸州)에 머물 때 임시 궁전인 행궁(行宮)에서 다시 한 번 연등회를 열었다. 이는 감찰어사 안홍점의 제안이었는데, 현종도 이때는 국가의 안전이 확보되자 안도의 한숨을 내쉬며 긴장을 풀 수 있었기에 기꺼이 동의했다. 이번 연등회는 따라서 현종 자신은 물론 전 국민과 평화를 되찾은 것을 경축하는 종교행사로서 열리게 된 것이다. 이 이후부터 연등회는 2월 보름에 열리는 것이 상례가 되었다.

팔관회도 비슷한 시점에 재개되었다. 1010년 11월 정당문학 최항의 주청에 따라 이때 20여 년 만에 다시 열리게 된 것인데, 현종은 이때 직접 위봉루에 나와 행사를 관람하였다. 당초 팔관회 역시 성종 때 폐지되었던 것으로, 대신 그날 국왕이 법왕사에 행차하어 향불을 피우고 구정에서 신하들의 조하(朝賀)만 받는 것으로 대폭 축소되었다. 그런데 이 당시는 거란 군의 침공이 바로 임박해 있던 상황이어서 이번 팔관회는 전쟁 대신 평화를 기원하는 이벤트였을 것 같기도 하다.

그런데 팔관회는 연등회와 약간 성격이 다른데, 연등회가 부처를 섬기는 행사였다면 팔관회는 태조 왕건의 표현을 빌자면 '하늘의 신령 및 오악(五嶽), 명산(名山), 대천(大川), 용신(龍神)'을 기리는 토속신앙이 가미된 종교행사였다. 연등회와 마찬가지로 팔관회 역시 신라로부터 전해져 내려온 고유의 전통적인 행사임에는 분명하다.

어쨌든 팔관회도 그렇고 연등회도 그렇고 강조가 실권을 차지하고 있을 때 모두 부활한 것들이어서, 현종의 뜻도 마찬가지로 반영은 되었겠지만 기본적으로 최소한 정권의 실세의 동의가 없었을 리 없는 일들이다. 곧 강조는 이들 불교행사의 부활을 통해 국민들을 결속하고 불교국가 고려의 원칙을 다시 한 번 확고히 하고자 하였던 것이라고 생각된다.

하지만 아직 한 가지 중요한 것이 남아 있다. 어쩌면 현종에게는 이것이 가장 핵심이 되는 이슈였을지도 모르겠다. 거란과의 외교가 바로 그것이다. 현종의 왕위계승 정통성과 관련되어 있어서 당시로서는 매우 중요한 현안이었고 불가피하게 거란의 요나라 정부와 지루한 밀고 당기기가 있을 수밖에 없었던 문제였다. 평소 같으면 큰 문제가 안 되었을 이슈가 당시 국제적인 상황과 맞물리면서 복잡하게 얽히고 그로 인해 전쟁까지 이어지게 될 줄은 처음에는 어느 누구도 예상하지 못했다.

다만 아직 이 문제를 다루기에 앞서 과연 강조는 어떤 인물이었는지부터 짚고 넘어가보도록 하자.

6장 강조와
그의 사람들

간단한 질문부터 던져보자. 강조의 생김새는 어땠을까? 그에 대한 기록은 전무하다. 초상화는커녕 서양처럼 조각으로도 남기지 않는 것이 동양의 문화인 것일까. 어쨌든 그나마 당대의 고려인에 대한 외모가 남아 있는 자료가 있긴 있다. 이것으로 한번 그의 모습을 상상해보자.

경북 예천군 예천읍 남본리. 이곳에 고려시대에 건립된 개심사가 있었지만 지금은 논으로 바뀌어 절터는 찾아볼 수가 없다. 그런데 이곳 논 한가운데에 다섯 층으로 된 석탑 하나가 남아 있는데, 그 건립이 시작된 해가 바로 1010년, 곧 현종 재위 원년이다.

이 탑이 세워지는 데에는 제3대 국왕 정종 때에 설치된 광군(光軍)이라는 군사조직뿐만 아니라 향도(香徒)라고 부르는 지방의 불교를 기반으로 한 농민 공동체 조직 등 총 1만여 명이 투입되었고, 1010년 3월 3일에 시작하여 약 1년 남짓 걸려 1011년 4월 8일 지금 그 자리에 세워진 것이었다.

<개심사 오층석탑 - 문화재청>

보물 제53호로 지정되어 있는 이 '개심사 오층석탑'에는 여러 모양의 초상들이 새겨져 있는 게 눈에 띈다. 5층으로 된 탑신 아래의 2단의 기단을 보면, 아래층 기단은 머리는 짐승이고 몸은 사람인 12지신상이 조각되어 있고, 위층 기단은 불법을 지키는 여덟 신이라는 뜻의 팔부중상(八部衆像)을 새겨 놓았다. 그중에는 신의 모습이 아닌 인간의 모습을 한 것이 있다.

<개심사 오층석탑(부분) - 문화재청>

　바로 강조와 정확히 동시대인 1010년에 새겨진 고려인의 모습이
다. 물론 살았던 지역도 다르고 또 입었던 옷도 분명 달랐겠지만 아
마도 강조도 이와 같은 고려인의 외모를 하지 않았었을까 그저 상상
만 해볼 뿐이다.

　또한 그의 나이도 현재로서는 알 수가 없다. 고로 비슷한 인물로
추정해보는 방법밖에는 없는데, 같은 관직을 가졌던 이들 중에 동시
대 혹은 가까운 시대에라도 출생년도가 밝혀져 있는 이는 안타깝게
도 없다. 고려 말이긴 하나 최영(崔瑩)의 경우를 그래서 대신 살펴보
자면, 평양윤(平壤尹) 겸 서북면순문사(西北面巡問使)를 맡은 게 45세,
곧이어 서북면도순찰사(西北面都巡察使) 좌산기상시(左散騎常侍)가 된

것이 46세였다. 이 무렵 최영은 한창 잘 나가던 시기여서 이대로 적용하기에는 무리가 있을 수 있지만, 강조 역시 이미 서북면 도순검사로 나가기 전에 핵심 관직인 중추사(종2품) 우상시(정3품)를 역임하였을 만큼 고려 조정 내에서 잘 나가던 인물이었다. 따라서 최영과 강조를 대략 비슷한 인생경로로 진급하였을 것으로 본다면 강조는 쿠데타 당시 40대 중반의 나이였을 것으로 잠정적으로 가정해볼 수 있을 것이다.

그렇다면 그의 성격은 어떠했을까? 작은 일화 하나가 전해진다. 그가 쿠데타를 일으켰을 당시 개경 안에서 가장 먼저 달려와 준 이가 탁사정과 하공진 두 명이었다. 보통은 그렇게 친강조 성향을 대놓고 드러냈으면 웬만한 잘못에도 눈감아주고 측근으로 삼을 만도 한데, 강조는 하공진의 업무실책에 대해서 두 번의 고민도 없이 유배를 보내는 지극히 객관적인 처벌을 집행해버린다. 물론 개인적으로 양해를 구했거나 했을 수도 있겠지만 겉으로 드러난 모습만 봐서는 확실히 고지식하다 싶을 정도로 주관이 뚜렷한 인물이 아니었을까 생각이 들게 하는 일화이다.

더욱이 그가 생포되어 생사의 갈림길에 있을 때에도 조금만 허리를 굽히면 살아남을 수 있는 기회가 주어졌음에도 고지식하게 국가에 대한 충성심을 내세워 굳이 죽음의 길을 스스로 선택하게 되는 모습을 보면 가히 그의 고집스러우면서도 뚜렷했던 자기주관을 느낄 수가 있다. 그런 인물이기에 쿠데타 당시에도 그렇게 많은 고민을 하였던 것일 테고, 그 이후에도 줄기차게 자신의 행동에 대한 정당성을 스스로 찾기 위해서라도 열심히 자기 직무를 수행하고자 하였던 것은 아니었겠나 싶다.

그럼 그의 가족관계는 어떠했을까? 이미 예상했겠지만 그것 역시 기록이 거의 남아 있지 않다. 유일하게 아버지의 존재는 확인되나, 형제자매부터 결혼여부 및 자식유무까지 그 어떤 정보도 찾아볼 수 없다. 처음에 잠깐 거론한 것처럼 마치 '기록말살형'에 처해진 것처럼 말이다.

동시대인물로는 강의(康義)와 강은(康隱)이 있는데, 제2차 거란-고려 전쟁 후 탁사정 등 친강조파들이 탄핵받아 유배형에 처해질 때, 강은은 탁사정과 함께 유배를 가게 되는 반면 강의는 상서도성의 종3품 우승(右丞)이라는 고위관직에 임명된다. 이 둘은 강조와 성이 같은 것으로 보아 한 집안 출신 같지만 정치적 선택이 서로 달라서였는지 그 뒤의 결과도 이처럼 정반대로 나타났다. 이들과 강조와의 관계에 대해서는 아쉽지만 더 이상 알려져 있지 않다.

참고해볼 수 있는 강 씨 집안의 선대 인물로는, 우선 태조 왕건의 부인인 신주(信州) 출신의 강 씨가 있다. 그녀는 오늘날의 행정구역상으로는 황해도 신천(信川)군 지역 출신으로, 아버지는 신라의 아찬을 지낸 강기주(康起珠)라고 알려져 있다. 공식적으로는 신주원부인(信州院夫人)이라고 불리는 그녀는 태조와의 사이에서 아들 하나를 낳았지만 요절하였고, 그래서 이후에 신명순성왕태후 유 씨 소생의 아들 하나를 양아들로 삼았는데 그가 바로 훗날 광종이 되는 왕소였다.

또 다른 인물로는 정화왕후(貞和王后) 강진의(康辰義)가 있는데, 태조 왕건이 왕위에 오른 후 자신의 조상들을 소급하여 왕계를 정할 때 추존하였던 증조할머니이다. 그러나 김관의(金寬毅)가 쓴 편년통록(編年通錄)에 나오는 태조 왕건의 조상 이야기는 믿을 수 없는 내용들이 많아 고려 말의 대학자 이제현도 전반적으로 허구적인 이야기로 평가했던 만큼 있는 그대로 믿기엔 한계가 있다. 다만 그녀의 존재 자체는 역사적 사실이 맞으므로 참고할 필요는 있겠다.

그런데 이들보다도 독특한 이력의 인물이 좀 더 그럴 듯하게 강조의 집안 배경을 설명해줄 수 있지 않을까 한다. 980년에 송나라의 빈공과에 급제한 고려 신주(信州) 영녕(永寧) 출신의 강전(康戩)이라는 인물이 있다. 그는 976년 이전에 송나라에 와서 국학(國學)에서 공부하고 있었던 기록이 있는데, 혹 그와 어떤 연관성이 있지 않을까 하는 생각이 든다. 강전과 그의 아버지 강윤(康允)은 오늘날 만주지역에서 거란과의 전쟁에 참전하였던 전력이 있는데, 나중에 고려로 되돌아온 특이한 케이스이다.

왜 그들은 거란과의 전쟁에 참여하였었을까? 이는 곧 그들이 발해 유민세력과 모종의 관련이 있음을 말해주는 것이다. 이때는 이미 발해가 멸망하여 국가로서 존속하고 있던 시기는 아니었지만, 그 후에인 정안국(定安國)이 건국되어 만주지역에서 거란과의 대립을 이어나가고 있던 무렵이다. 970년에 송나라에 보내진 국서와 979년 6월 발해인 수만 명의 고려 내투 기사가 바로 이 당시 만주에서의 정안국의 존재를 증명해주는 기록들이다.

만약 이들과 강조가 같은 집안 출신이라면, 강조는 직간접적으로 발해 출신이었을 가능성이 있는 셈이다. 그의 배경이 역사기록에 전혀 거론조차 되어 있지 않은 것은 어쩌면 그의 성장배경이 정안국, 즉 발해에 기반하고 있기에 고려 측 자료에서는 그만큼 공백 기간으로 남게 된 것은 아닌가 하는 추정이 든다.

가장 비근한 사례로 앞서 언급되었던 채충순을 참고해볼 수 있겠다. 그는 고려 측 역사기록에는 집안배경이 유실되어 있는데, 후에 발견된 아버지 채인범의 묘지명을 통해 그가 중국 출신임이 밝혀졌다. 이는 곧 강조 역시 순수 고려태생이 아닌 발해와의 연관성 때문에 자연스럽게 성장기 기록이 남지 않게 된 것은 아닌가 하는 짐작을 하게 만든다.

정리해보자면 대체적으로 신천을 근거지로 하는 강 씨 집안은 고려 왕족과 직간접적으로 깊은 연관이 있었고 또 추정이긴 하나 지역 특성을 감안해보면 발해유민과의 친연성도 분명 있었지 않았을까 하고 이해해볼 수 있을 것이다. 명확하진 않지만 그래서 강조 역시 목종과 어떤 형태로든 밀접한 관계가 있어서 목종의 신임을 받았던 것이고 천추태후와 김치양 세력이 사실상 장악하고 있던 고려 정계에서 나름 자신의 입지를 구축해나갈 수 있었던 것으로 볼 수 있을 듯하다.

어쨌든 보다 상세한 내용은 추가적인 금석문 등의 사료 발견이 있어야지만 밝혀질 것이니 좀 더 기다려볼 수박에 없겠다. 정보가 부족한 상황에서 강조라는 인물을 좀 더 깊이 있게 알기 위한 하나의 방법으로는 그의 주변 인물들을 살펴보는 것도 가능할 것이다. 유유상종이라는 말마따나 그의 친구들을 보면 그에 대해서도 역시 더 자세히 알 수 있지 않을까.

우선 강조의 쿠데타 당시 그에게 한걸음에 달려온 하공진과 탁사정이 있다. 먼저 하공진은 이후 현종을 위해 자신의 목숨까지 바친 인물로, 단순히 친강조파라고만 보기엔 어려울 수 있다. 그러나 하공진의 최대 관심사는 고려의 안전이었다. 그리고 하공진에게는 강조가 그런 역할을 해주기에 가장 적합한 인물이었다고 여겨졌던 것 같다.

하공진의 출생 등은 강조와 마찬가지로 전해지는 내용이 없고, 다만 오늘날 경상남도의 진주(晉州) 사람이라고만 알려져 있다. 그의 후손으로는 조선을 개국하는 데 힘을 도왔던 하륜이 유명하다. 하공진은 성종 때인 994년 압록강을 지키는 구당사(勾當使)가 되었고, 목종 때인 1009년에는 중랑장(中朗將)이 되었다. 이후 상서도성의 좌사낭중(尙書左司郎中)으로 승진하여 강조의 쿠데타 이후 국경지대인 양계(兩界)로 가서 동여진과의 접경지역 방어를 맡았다. 20대에 경력을 시작하였다고 가정해본다면 이 무렵에는 마흔에 가까운 나이가 되지 않았을까 짐작된다.

같이 근무했던 유종이 여진족을 살해하는 일을 벌여 함께 섬으로 귀양을 가는 처지가 되었는데, 이때의 일이 빌미가 되어 거란 군이 목종 시해에 대한 책임을 묻겠다며 대규모로 침공하는 결과까지 불러왔다. 이 과정에서 현종은 전라도 나주까지 피신가는 상황이 되었는데, 이때 복권되어 돌아와 있던 하공진이 직접 협상에 나서서 거란 군의 회군을 이끌어내겠다며 나섰다.

악조건 속에서도 최선을 다해 설득을 한 하공진은 가까스로 임무를 성공할 수 있었지만 대신 그 자신은 인질로 끌려가게 되었다. 결국 요나라에서 하공진은 귀순을 종용하는 성종에 맞서다가 비참하게 죽임을 당했다. 그의 최후는 강조의 그것과 매우 닮아 있다. 다음은 그의 마지막 진술이다.

"나는 우리 고려에 대하여 딴마음을 품을 수 없으니, 만 번 죽더라도 살아서 요나라의 신하가 되고 싶지 않소."

탁사정도 확실한 친강조파였다. 전쟁이 종결되고 몇 달 후인 1011년 8월 현종에 의해 강조의 도당이라고 규정지어져 섬으로 귀양 보내졌기 때문이다. 그는 거란의 침공 당시 동북계 도순검사가 되어 서북면 도순검사인 양규와 함께 국경지역을 총괄하는 책임자의 자리에 있었다. 전쟁의 발발과 함께 군대를 이끌고 서경으로 이동하여 먼저 와 있던 지채문, 최창의 군대를 휘하에 합치고 거란 군의 공격을 방어하는 역할을 맡았다. 여러 차례 전투에서 승리를 하였지만 끊임없이 밀려드는 적군에 점차 밀리다가 결국 거란 성종이 성 밖까지 진주해오자 결국 후퇴하였고 대신 남아 있던 발해유민 장군 대도수는 중과부적이 되어 거란 군에 항복할 수밖에 없었다.

어쨌든 탁사정은 전쟁이 끝난 후에도 한동안 어사중승, 우간의대부 등을 전전하며 정치적으로 살아남는 듯했지만 그리고 불과 몇 달 후 결국 기회를 엿보던 현종에 의해 숙청되고 만다. 그의 나이도 정확히 알 수는 없지만 동시대 인물들 중 채충순이 좌간의대부가 되었던 나이나 서눌의 과거급제 후 좌간의대부가 되기까지 걸린 기간을 참고해보면 아마도 40세 전후였을 것으로 추정된다.

그리고 탁사정과 함께 귀양을 간 이들로는 박승, 최창, 위종정, 강은 등이 있다. 박승은 전쟁 종료 후 전중시어사로 임명되었다가 얼마 후 탁사정과 같이 탄핵을 받는 것만 알려져 있다. 938년 발해에서 망명해온 같은 이름의 박승도 있지만 시기 차이가 커서 단순히 동명이인으로 보인다. 최창은 위종정과 같이 강조에게 개경에서의 음모를 전달했던 인물이다. 거란의 침공 당시 최창은 군용사 시어사(종5품)가 되어 화주에서 동북 방면 방어를 맡고 있다가 지채문과 함께 서경으로 이동하여 탁사정 밑에서 서경 방어를 했는데, 탁사정과 거란 군과 전투를 벌이다 후퇴하여 개경에 돌아온 다음의 종적은 알려져 있지 않다.

위종정은 바로 위의 최창처럼 강조가 아직 서북면 도순검사일 때 그에게 개경으로 돌아오게 되면 위험하다고 알려주었던 인물이다. 사회에 불만을 품고 강조에게 일부러 거짓된 정보를 알려준 것이라고 역사서에는 기술되어 있지만 악의적인 거짓말이다. 그게 사실이라면 그가 굳이 강조에게 참여할 이유도 없고 강조 역시 거짓을 흘린 그를 자신의 세력으로 받아들였을 리 만무하기 때문이다. 어쨌든 그 이후에 강조에게 가담하여 활동하였다고 하지만 그 역시 구체적인 활동내역은 기록에 드러나 있지 않다. 그리고 강은은 바로 앞에서 강조의 집안을 살펴볼 때 이미 설명하였다.

또 주목해볼 만한 사람으로는 양규가 있다. 강조가 서북면도순검사의 직책을 내려놓고 개경으로 달려갔을 때 그의 후임을 맡은 이가 바로 그이다. 보통은 그가 거란이 강조의 서신을 위조해 항복을 요청하자 자신은 강조의 말을 듣지 않는다고 하였던 것 때문에 친강조파로 보기 어렵다고 생각할 수 있지만, 강조의 쿠데타를 빌미로 쳐들어온 거란과의 대치상황이었기 때문에 굳이 강조와의 관계를 좋게 포장할 이유가 없었던 점을 이해해야 한다. 오히려 양규는 강조가 자신의 후임으로 직접 뽑았든 혹은 추천된 인물에 대해 추인만 한 것이든 간에 그의 냉철한 눈을 통과한 인물이라는 점은 분명하다.

서북면 도순검부사로 천추태후 측 인사인 이주정이 임명되었을 때 강조는 쿠데타 직후 그를 인정하지 않고 귀양 보냈을 만큼 그는 자신의 본거지에 대한 중요성을 충분히 인지하고 있었다. 그런 그가 자신의 반대세력을 서북면 도순검사로 임명하여 내보냈을 리 만무하다. 특히나 고려의 서경 및 국경에 배치된 군사력을 필요시 동원할 수도 있는 그 중요한 자리에 함부로 아무나 임명할 수 없다는 사실은 너무도 당연하다. 자신이 그 군사력을 바탕으로 고려의 정권을 얻은 당사자인데 그렇게 호락호락 자신의 반대세력 내지 믿을 수 없는 인사를 후임으로 임명했을 가능성은 전혀 없다고 보아도 무방하다.

그리고 이러한 강조의 신뢰에 대해 실제로 양규는 거란 침공 당시 고려의 백성들을 거란 군으로부터 한 명이라도 더 구하기 위해 자신의 목숨까지 바쳐가며 항전하는 살신성인하는 모습을 보임으로써 기대에 부흥했다.

양규 역시 나이는 알 수 없지만 그가 목종 말기에 이부낭중이었던 사실로 비추어보면 대략 40대 초반 정도로 추측해볼 수 있다.

양규의 사례와 비슷하게 강조가 자신과의 친밀도를 떠나 능력 위주로 사람을 본 인물로는 강한찬을 들 수 있다. 그는 제2차 거란-고려 전쟁을 강조의 쿠데타가 빌미가 된 것이라고 분명히 말했을 만큼 친강조파와는 거리가 멀었지만, 그래도 강조의 묵인 내지 암묵적 동의하에 조정에서 자신의 역할을 이어간 인물이었다. 강조가 자신의 당파가 아니라고 하여 강한찬을 내쫓기라도 했다면 아마도 1018년에 벌어진 제3차 거란-고려 전쟁은 고려가 아닌 거란이 승리자가 되었을 지도 모를 일이다. 더욱이 강한찬은 강조 사후에 그의 정책의 일부를 이어받아 계속 추진하기까지 했다. 비록 같은 당파는 아니었지만 인재는 서로가 서로를 알아본다고 했던 말이 옳음을 다시 한 번 느끼게 된다.

이처럼 강조의 주변 인물들은 최소한 『고려사』의 「열전」에 폐행이나 간신, 반역의 항목에 분류되지 않았다. 오히려 이들 중 하공진은 현종의 5대 공신으로, 양규는 현종에게 고려를 구한 영웅으로 대접을 받는다. 탁사정은 처벌받기는 하지만 거란 침공 시 자신의 역할을 정확히 수행했다. 이들 사이에는 무슨 차이가 있을까? 아무리 강조의 일파인데다가 공이 크더라도 죽은 다음에는 현종에게 위협이 되지 않는다. 이런 경우에는 오히려 충분히 대접해준다. 그러나 살아 있는 강조의 일파는 숙청한다. 어떻게 배신을 할지 모른다는 그런 위협을 느꼈거나 아니면 강조를 정말 싫어해서 죄다 없애버려야 속이 풀려서였을 수 있다. 다만 살아남은 인물들은 위협이 되지 않을 정도로 고령이거나 인간관계가 두루 원활하여 친강조파로만 보기 힘든 인물일 경우만이 예외가 될 뿐이었다.

강조는 이처럼 역사에서 고의적으로 철저하게 지워진 것이다. 심지어 그의 편에 선 인물들조차도 공적이 있다 하더라도 굳이 기록을 빼버린 것을 보면 정말 철저하게 강조를 그들의 기억 속에서 지우고 싶었구나 하는 생각을 들게 된다. 결국 역사 기술에서 빠트리면 앞뒤가 맞지 않게 되는 경우처럼 어쩔 수 없이 지울 수 없는 부분과 실수로 남게 된 기록들만 겨우 살아남았고, 우리는 그 파편화

된 기억의 편린들로 그의 실체를 이처럼 역추적해갈 수밖에 없다.

군주의 역린을 건드린 결과는 그만큼 비참하다. 강조가 부하들에게 만세를 듣지 않았더라면, 현종의 경쟁상대가 되는 왕족들을 불러들이지만 않았더라면 혹 역사는 바뀔 수 있었을까? 아마도 그랬을 가능성은 별로 없었을 듯하다. 어떤 일인자도 자신에게 위협을 느끼게 하는 이인자의 존재를 절대 인정하지 않는다. 강조는 현종이 받아들이기에는 권력이 커도 너무 컸다. 그것이 권력의 비정함이다.

그렇다면 강조의 도당에 대응되는 현종의 공신들은 어떤 이들일까? 진정한 친현종파의 실체를 한번 파헤쳐보자.

현종 사후 그의 충신으로 선택된 이들은 강한찬, 최항, 최사위, 왕가도 이렇게 네 명이었다. 『제왕운기』에 따르면 하공진도 포함하여 다섯 명이라고 하였는데, 국가의 공식 기록에서는 빠져 있어 그의 포함 여부는 약간은 불투명하다. 어쨌든 국왕의 생전에 공로가 크거나 총애를 받았던 신하의 신주를 종묘에 모시는 것을 배향(配享)한다고 하는데, 국왕의 치세 동안 가장 중요한 역할을 담당했던 이들을 선정하는 것이어서 매우 영예로운 일로 받아들여졌다. 여기에 뽑힌 이는 당연히 국왕에게 충성을 다하고 국가에 헌신을 한 큰 공적이 있는 인물들이었다. 이들이 현종의 최고의 신하들로 뽑히게 된 사정을 한번 살펴보자.

강한찬(姜邯贊, 948~1031)은 제3차 거란-고려 전쟁의 영웅이니 어찌 보면 너무나 당연할 것이다. 더욱이 그는 제2차 전쟁 때에는 거란 군에 항복하자는 조정의 분위기를 반전시켜 현종의 피난을 제의함으로써 자칫 조기에 고려를 망국에 이르게 할 뻔한 일을 막았고, 추후 나성(羅城)의 축조에 있어서도 비록 강조의 아이디어를 이어받은 것이지만 이를 다시 제안함으로써 고려 수도의 방어체제를 완성시켰다는 공이 있다.

다만 그는 오리지널 친현종파는 아니어서 나름 출세는 하긴 하였지만 핵심적인 위치에까지는 오르지 못했다. 친현종파들의 견제가 심하여 그의 승진에는 한계가 있었다. 물론 내사시랑 평장사까지 오른 것만 해도 대단한 일이었지만, 그가 문하시랑 평장사로 승진할 때에도 10년도 더 차이가 나는 후배뻘의 최사위가 먼저 고려의 최고위직인 문하시중에 오르는 것은 어쩔 수가 없었다. 강한찬의 공이 아무리 크다 하더라도 현종을 왕으로 만든 일등공신을 넘어설 수는 없었던 것이다.

최항(崔沆, 972~1024)은 현종이 대량원군이던 시절 그를 국왕으로 추대한 공로도 있고, 또한 이후 현종의 스승으로 지정되었으니 어쩌면 당연한 일일 수도 있다. 하지만 최항보다 현종 추대의 공은 채충순이 더 컸는데 오히려 채충순은 뽑히지 못하고 최항이 선택된 것은 의외이다. 이는 채충순의 공적이 크고 현종도 그의 눈치를 볼 수밖에 없는 상황이었기에 자연스럽게 거리를 두게 된 것일 수도 있고, 한동안 그가 나서서 강조와 정권 초기에 협력하는 모습을 보인 것에서 약간은 심리적 거리감을 느끼게 되었기 때문일 수도 있다. 심지어 채충순은 현종 당시 고려왕조실록을 재편찬 할 때 가계도가 유실되어서 정보가 없다고 할 만큼 소위 박대를 받는데, 솔직히 이는 거짓말이다. 당대의 사람들이 모르면 누가 알겠는가? 다행히 채충순의 아버지의 묘지명이 남아 있어 그의 가계는 복원이 가능은 하지만, 어쨌든 현종이 채충순을 내심 꺼려하였다는 사실 만큼은 거의 확실하다. 그런 까닭에 그보다는 오히려 좀 더 유했던 최항이 대신 현종의 충신으로 뽑히게 된 것이리라.

그리고 최항 입장에서도 채충순은 자신의 밑에 있던 자였는데 자신을 뛰어넘어 승진하는 것이 못마땅했던 것은 아니었을까. 더욱이 최항은 고려 이전에 신라 때부터 유서 깊은 가문 출신이지만 채충순은 외국에서 건너온 이주민의 후예였으니 상대적으로 고깝게 봤을 가능성도 있을 수 있겠다. 어쨌거나 고려의 초기 역사를 집필하게 된 이가 채충순이 아니라 최항이었다는 점이 채충순에게는 여러모로 손해가 되었다.

그리고 누구보다도 사실 최사위(崔士威)가 현종 옹립의 숨어 있는 공로자였다. 그의 묘지명이 남아 있어 다행히 당시의 상황을 알 수가 있다.

공이 시어사(侍御史, 어사대 소속 종5품)가 되었을 때는 바야흐로 현종이 잠룡(潛龍, 아직 왕위에 오르지 못한 임금)으로 대량원에 계실 때였다.

복야 김치양이 여후(呂后, 천추태후)와 더불어 모의하여 장차 그를 해치고자 하였다. 공이 아뢰어 검위(檢衛)를 파견하여 위기를 피하도록 하였고, 동궁의 지위를 보존하게 하니 끝내 왕위에 올랐다. (최사위 묘지명)

현종이 대량원에 있을 때 그를 해치려고 하는 음모를 막아낸 공로를 이야기하는데, 이는 그렇다면 현종이 강제로 승려가 되어 쫓겨나기 전이니 1003년 무렵의 일로 여겨진다. 목종 말기에 그가 종4품의 호부시랑이었으니 그보다 낮은 종5품 시어사 시절 현종을 도왔다는 사실 역시 이를 입증해준다. 그렇다면 채충순이나 최항보다 최사위가 원조 친현종파였던 셈이다. 이때 파견하였다는 검위(檢衛)는 그 존재가 불분명한데, 2군6위의 금오위(金吾衛)같은 치안유지를 위한 경찰부대를 말하는 것인지 아니면 국왕의 친위군인 금군(禁軍)과 관련이 있는 것인지 정확히 알 수는 없다.

강조의 쿠데타 당시 49세였던 최사위는 현종 옹립에 있어 그보다 젊은 채충순에게 한동안 주도권을 빼앗긴 듯 보였지만 사실은 그가 전면에 굳이 나서지 않았던 것이라고 볼 수 있다. 쿠데타 직후 한동안은 반정의 공을 일부러 내세우지 않고 정적들의 공격을 채충순과 최항에게 향하게 하다가, 시간이 지나면서 정국이 안정화되자 친현종파의 핵심인물로서 자연스럽게 권력의 중심부를 차지하여 나중에는 이들을 능가해서 최고위직인 문하시중까지 오르게 된 것이다. 관런해서 현종 치세 중의 **인사**발령을 참고해보자. 1021년 8월에 주요 요직에 대한 인사발령이 **다**음과 같이 발표되었다.

- 🏵 **검교태사** : 문하시중(종1품) 최사위
- 🏵 **검교태부** : 문하시랑 평장사(정2품) 최항
- 🏵 **검교태보** : 내사시랑 평장사(정2품) 유방
- 🏵 **검교태위** : 내사문하성 참지정사(종2품) 채충순, 중추원 중추사(종2품) 우산

  기상시(정3품) 윤징고

검교는 실직이 아닌 훈직으로서 정원 외로 임명할 때 사용되는 수식어이고, 태사, 태부, 태보의 삼사(三師)는 상징적으로 국왕의 스승을 의미하는 최고의 명예 칭호인데 정1품으로 그 이상 가는 영예가 없었다. 태위 역시 삼사에 대응되는 삼공(三公)에 속하는 높은 권위를 상징하는 지위였으며, 이들 모두 서열상으로는 오늘날 국무총리격인 문하시중(종1품)보다 높았다. 한 마디로 현종 아래에서의 정권의 실세는 이들이었다는 말이다. 그리고 그중 최고는 뭐니 뭐니 해도 최사위였다. 최항이나 채충순이 아니라 최사위가 일등공신인 이유는 앞의 두 명이 목종 치세 말미에 친현종파로 거듭난 것과 달리 목종 치세 중에 이미 비밀리에 친현종파의 거두로 활동하였기 때문이었다. 오리지널 친현종파는 처우가 남다를 수밖에 없었다.

그가 얼마나 권력의 핵심이었는지는 다음의 일화가 말해준다.

1022년 11월, 사헌대(司憲臺)에서 문하시중 최사위와 좌복야 박충숙(朴忠淑)이 구정(毬庭)에서 열린 예식에서 술에 취해 춤을 춤으로써 예에 어긋나고 불경하였다며 그들에게 죄를 줄 것을 요청하였으나, 현종은 이를 받아들이지 않았다. 불경죄라고 탄핵이 되었는데도 현종이 이들을 옹호한 것이었다. 더군다나 불과 두 달 후에는 박충숙의 자리만 진함조로 교체하였을 뿐 최사위는 그대로 보직을 유지한다. 즉 이때 박충숙은 최사위 덕분에 논죄 받지 않았던 셈이었다. 최사위는 현종도 함부로 할 수 없었던 권력의 핵심 중의 핵심이었다.

　즉 최사위가 사실상 오랫동안 이끌었던 친현종파 세력이 막판의 정치공작에서 승리하여 대량원군 왕순을 현종으로 왕위에 올렸고, 현종은 대량원군 시절부터 도움을 받아왔던 그를 끝까지 신뢰함으로써 보답하였다는 것이다. 아마도 최사위는 중국 전국시대 말기 즉위 순위에서 한참 밀리는 자초(子楚)를 진나라의 왕으로 만들었던 재상 여불위(呂不韋)를 꿈꾸었던 것은 아닐까?

　끝으로 왕가도(王可度)는 처음에는 이자림(李子林)이었다가 나중에 이가도(李可度)로 이름을 바꾸고 최종적으로는 성씨까지 바뀌어 그 이름이 된 것이었다. 거란과의 전쟁 이후 개경의 궁전과 개경을 둘러싼 나성을 축조한 공로가 크게 인정되어 현종으로부터 왕 씨를 부여받았다. 더군다나 후에 그의 딸이 덕종의 아내가 되면서 크게 현달하게 된다. 딱히 정치적으로 편향되었다거나 하는 부분은 발견되지 않고 꽤나 착실하고 근면한 스타일이 인물로 생각된다.

하지만 그가 현종의 5대 공신이 되기에는 이 정도로는 많이 부족하다. 쟁쟁한 친현종파들을 물리치고 그가 5대 공신으로 꼽히기 위해서는 그 이상의 확실한 공이 필요했을 게 분명하다. 그것은 바로 그가 현종의 생명까지 위협했던 무신정변을 계책을 써서 진압한 공로였다. 이후에 다시 설명하겠지만, 현종은 무엇보다도 자신을 도운 이를 중용하는 스타일의 군주였고, 왕가도가 이후 보여준 것처럼 행정 능력도 출중했지만 그보다 이전에 자신을 무신들의 쿠데타로부터 지켜내고 쿠데타 자체를 무너뜨린 확실한 공적이 있기에 그가 현종 치세에서 고위직으로 급상승할 수 있었던 것이라고 봐야 할 것이다.

더불어 배향공신은 아니지만 현종 치세에 개국공신으로 뽑힌 이들도 한번 짚고 넘어가도록 하겠다.

1019년 선정 당시를 보면, 최사위, 채충순, 최항, 그리고 강한찬까지는 반복해서 개국공신으로 뽑히고 있으니 넘어가고, 앞서 다루지 않았던 인물인 강민첨과 유방이 이때 포함되었다. 이 둘의 공통점은 무관이라는 사실이었다. 강민첨은 제2차 거란-고려 전쟁 때에도 등장하지만 제3차 전쟁 당시에 총지휘관인 강한찬을 도와 부지휘관으로서 혁혁한 공을 세운 것이 인정된다. 당초 문관으로 경력을 시작하였지만 무관으로 활약하게 된 흔치 않은 경력의 소유자이다.

유방은 앞서 목종의 병환 시 친종장군(정4품)으로 중랑장 탁사정, 하공진과 함께 목종을 지키던 역할로 등장하는데, 강조의 쿠데타 이후에 한동안 모습을 보이지 않다가 제2차 전쟁 직후 병부상서(정3

품) 겸 상장군(정3품)으로 진급한 이후 꾸준히 승진을 거듭하게 된다. 언제 친현종파로 자리매김하였는지는 불분명하지만, 현종이 문관에 치중된 자신의 친위세력들에 대한 균형을 위해 무관으로는 유방을 끌어들인 것이 아니었을까 생각된다.

배향공신 여부가 불확실하기도 하고 앞서 강조의 사람으로 이미 다루기도 했지만, 다른 관점에서 다시 한 번 하공진에 대해 마저 살펴보도록 하겠다.

하공진은 제2차 거란-고려 전쟁에서의 공이 큰데, 원래는 친강조파여서 현종의 배향공신까지는 될 수 없었던 인물이다. 현종도 당초에는 하공진의 희생 덕분에 본인도 살아남았기 때문에 그에 합당한 대우를 해줘야 했음에도 불구하고 10여 년 후에나 죽은 하공진의 자식을 관직을 높여주는 정도로만 치하하고 어물쩍 넘어간다. 이는 현종 입장에서는 하공진이 자신이 100% 신뢰할 수 있는 자기 사람이 아니었다는 것을 의미한다. 심지어 하공진이 강조의 쿠데타 당시 강조에게 제일 먼저 합류한 위인이라는 것도 당시에는 누구나 알고 있던 사실이었으니 말이다.

이런 하공진이 만약 배향공신으로 꼽힌 게 정말 맞다면, 아무래도 현종의 반대세력에 대한 일종의 배려 차원이 아니었을까 생각된다. 아무리 현종이 자신에게 복종하는 인물들만 키우는 독단적인 스타일이었다고 해도 반대 세력이 없었을 리 만무하고, 그 세력은 대개는 공동으로 정권을 창출하였지만 거란과의 전쟁 이후에 완전히 배

척되다시피 한 친강조파로 볼 수 있을 것이다. 물론 친목종파나 친천추태후파도 있었겠지만 이미 정권 초기에 다 숙청해버려서 세력으로 부를 정도로 남아 있지를 못했다. 친현종파가 여권이라면 세력은 축소되었지만 아직 남아 있는 친강조파 인물들이 고려 정권에서 야권을 형성하고 있었으리라 짐작된다.

이를 가능케 했던 것은 다름 아닌 전쟁이었다. 아마도 전쟁과 같은 정도의 외부 충격이 가해지지 않았다면 고려 정부 내에서 친현종파가 강조의 세력을 뛰어넘을 수는 없었을 것이다. 전쟁을 통해 정권의 중추를 차지하고 있던 친강조파가 무너지자 그 틈을 타 친현종파 세력이 종전 후 강조 일파를 몰아내고 정권의 요직들을 확보하게 되면서 향후 고려는 강조의 영향권을 벗어나 현종이 구상한 형태로 나아가게 된다.

그렇다면 현종의 권력 독점을 가능케 했던 바로 그 고려의 국운을 뒤흔들었던 전쟁은 과연 어떤 성격이었는지 한번 직접 살펴보도록 하자.

7장 제2차 거란-고려 전쟁

　　강조와 현종에게 외교는 매우 중요한 이슈였
다. 당시 주변국으로는 서쪽 바다 건너 송나라, 북쪽 거란의 요나라,
동남쪽 바다 너머의 일본이 있었다. 그리고 고려는 전통적인 우방인
중원 지역의 한족 국가인 송나라가 아니라 동아시아의 패권국인 요
나라에 머리를 숙이고 있는 상황이었다. 이 말인즉슨 국왕이 바뀐
상황을 요나라에서도 납득할 수 있도록 잘 설명하고 현종의 즉위를
국제적으로 인정받는 절차가 반드시 필요하다는 것이었다. 국왕의
시해는 최대한 감추면서 정상적인 방식으로 현종이 왕위를 이었다
는 것을 요나라에 어떻게 이해시키느냐 하는 것이 이번 외교의 최
고 관건이었다.

　1009년 2월 사농경(司農卿, 국가제사용 곡식을 관장) 왕일경을 요나라로
파견하여 목종의 사망과 함께 현종의 왕위 계승을 알리도록 하였
다. 목종이 이제현의 기록대로 3월 13일에 정치적 살해를 당한 게
맞다면 이때 이미 목종의 사망 사실을 전했다는 것은 벌써 목종의

죽음은 이들 쿠데타 세력들 사이에서 기정사실로 되어 있었음을 말해준다. 외교 문서를 보지 않았을 리 없는 현종이 목종의 살해 여부를 몰랐을 수 없다는 반증이다.

다시 두 달 후인 4월 1일 외교격식을 맞추기 위해 이유항을 공부시랑(정4품)으로 임시로 승격시켜서 요나라로 파견하였다. 공식적으로는 요나라 태후의 생일을 축하한다는 명분이었으나, 사실은 요나라의 현종 인정이 급선무였다. 하지만 요나라는 녹록한 대상이 결코 아니었다. 이들은 무언가 눈치가 있었는지 현종의 왕위 계승에 대한 인정에 있어 가타부타 답변이 없었다. 마음 졸이는 것은 현종일 수밖에 없었다. 여전히 그는 국제사회에서는 정식 국왕이 아니라 권지국사(權知國事) 즉 임시 국왕대행의 신분이었다.

어느 덧 해가 바뀌어 1010년이 되었고, 이해 5월 상서도성 소속의 좌사낭중(左司郎中, 정5품) 하공진과 화주(和州, 지금의 함경남도 영흥)의 방어낭중(防禦郎中) 유종이 섬으로 귀양 보내졌다. 하공진은 바로 친강조파였고 유종도 하공진과 같이 목종 병환 시 근전문에서 지키던 무장이었다. 이들이 처벌받게 된 원인이 불러온 여파는 생각보다 심각했다.

이들은 앞서 국경지역(東西兩界)에서 근무하고 있었는데, 하공진이 군사를 동원해 동여진(東女眞) 부락을 공격하였다가 오히려 패해서 돌아온 적이 있었다. 이에 분노한 유종은 보복할 기회를 엿보고 있었는데, 마침 여진인 95명이 고려에 조공을 바치기 위해 들어와 자신의 담당지역 내인 화주관(和州館)에 도착하자 유종이 이들을 모두 참살해버렸다. 이를 알게 된 조정에서는 심각한 외교적 문제를 일으킨 이들을 둘 다 귀양 보낸 것인데, 이 사실을 모를 리 없는 여진족은 억울해하며 거란 측에 모든 사실을 고했다.

요나라의 성종은 이런 상황에서 여진족의 첩보가 전쟁을 일으키기에 좋은 구실이 되어줄 것임을 직감했다. 27세의 젊고 야심만만했던 전쟁군주인 그는 신하들에게 이와 같이 선포했다.

"고려의 강조가 전왕 왕송을 시해하고 왕순을 새로 국왕으로 세웠으니 크나큰 반역죄를 지은 것이니, 마땅히 군사를 일으켜 그 죄상을 추궁하여야겠다."

사실 본심은 따로 있었지만 대외명분이 항상 사태의 본질과 일치하는 것은 아니다. 명분은 그저 행동에 대한 구실로서만 필요할 뿐이었다. 이에 공개적으로 반대한 이가 한 명 있었으니 바로 성종의 장인인 소적열이었다.

"우리나라는 해마다 대외전쟁을 치르고 있어 병사들이 지쳤고 경제는 피폐해지고 있습니다. 더구나 곡식이 아직 익지 않아서 전쟁준비에 아직 부족함이 있습니다. 고려는 성벽이 튼튼하니 이겨도 얻는 바가 크지 않고 혹여나 실패라도 하면 후회하게 될까 우려됩니다. 사신 한 명을 보내 그 연유를 물어 저들이 그 죄를 자복하면 그만인 일입니다. 저들이 수긍하지 않는다면 추수가 끝난 다음 군사를 일으켜도 늦지 않을 것입니다."

　그러나 이미 개전하기로 마음을 굳힌 성종은 소적열의 제언을 받아들이지 않고 출병 준비를 서둘렀다. 사실 이 당시 요나라는 마침 제1차 거란-고려 전쟁 당시 고려 측이 국경지역인 흥주(興州), 철주(鐵州), 통주(通州), 용주(龍州), 구주(龜州), 곽주(郭州)에 6성을 쌓자 눈엣가시로 여기고 있던 상황이었다. 깊이 있는 고민 없이 고려와 평화협정을 맺긴 하였지만 이 지역은 요나라 내부에서는 지나치게 많이 양보해준 것으로 인식되고 있었다. 그래서 이른바 강동 6주의 축성을 협정 위반이라고 꼬투리를 잡고 그곳 모두를 요나라 측에 넘길 것을 강하게 요구하였지만 고려 입장에서는 안보와 직결된 사안이었기에 그렇게 쉽게 내줄 수 있는 상황이 결코 아니었다. 고려는 요나라와의 외교협상 과정에서 끝까지 이곳 강동 6주의 위양은 거부했다.

　이러한 고려와 요나라간의 외교과정이 이웃나라인 송나라 측에서 남긴 기록에 나온다. 강조의 목종 시해는 그저 전쟁의 명분이었을 뿐 실제 목적은 단기적으로는 고려 국방의 핵심인 강동 6주의 탈환 및 궁극적으로는 이를 빌미로 한 고려의 완전 굴복이었던 것이다.

　그해 가을 7월 1일 거란에서 급사중 양병과 대장군 야율윤이 사신으로 고려를 방문하였다. 이들의 목적은 전왕 목종의 양위의 적법성과 결정적으로 그의 죽음에 대한 실상을 캐기 위한 것이었다.

당연히 고려에서는 모든 것을 사실대로 말할 수 없었다. 전쟁의 불길한 그림자가 고려에 드리워지고 있음이 느껴지기 시작했다. 이달 고려에서는 덕주(德州, 평남 덕천)에 성을 쌓았다고 하는데, 이미 목종 때인 1000년에 덕주에 성을 쌓았었기 때문에 이번에는 성을 보수한 것이 아닐까 생각된다. 그렇다면 당연히 이는 방어시설을 보강하기 위함이었을 것이다.

고려 측은 곧바로 다음 달 8월 1일에 내사시랑 평장사 진적과 직중대 상서우승 윤여를 거란에 파견하였다. 목적은 고려가 처한 곤란한 상황에 대한 변명일 수밖에 없었다.

또 다시 9월에도 연달아 상서도성 소속 좌사원외랑(정6품) 김연보를 거란에 보내어 가을철 인사를 하도록 하고, 연이어 좌사랑중(정5품) 왕좌섬과 장작승 백일승을 거란 동경에 파견하여 우호 관계를 맺게 하였다. 한편으로는 어떻게든 이 위급한 상황을 모면하고자 하는 읍소였겠지만 또 다른 한편으로는 거란의 고려 침공에 대한 준비상황 염탐의 목적도 있었을 것이다.

이제 겨울로 접어든 10월 1일 고려는 긴급 방어체제 편성을 발표한다. 이는 앞서 7월에 거란의 외교관들이 현황파악을 위해 내방하였을 때 이미 최악의 상황을 가정하고 준비하기 시작하였을 것이라는 추정이 가능하다. 왜냐하면 큰 틀에서의 방어계획은 물론 세부적인 방안까지 세우고 각 지휘관들의 배치를 결정하고 실제로 전쟁물자와 군사동원에 대한 구체적인 준비까지 마쳐야 했기에 물리적으로 소요되는 시일이 꽤 많이 필요했을 것이기 때문이다. 즉 고려 입장에서는 거란 군의 침공은 이제 기정사실로 받아들여졌다. 고려 군은 강조를 가장 중심으로 하여 다음과 같이 총 6개 군으로 구성하였다.

행영도통사 : 참지정사 강조

부사 : 이부시랑 이현운, 병부시랑 장연우

판관 : 기거사인 곽원시, 시어사 윤징고, 도관 원외랑 노전

수제관 : 우습유 승리인, 서경 장서기 최충병

행영도병마사 : 검교상서 우복야 상장군 안소광

부사 : 어사중승 노정

판관 : 병부낭중 김작현, 황보유의

좌군병마사 : 소부감 최현민

부사 : 소부소감 최보성

판관 : 흥위위 녹사 고간, 대악승 김재용

우군병마사 : 형부시랑 이방

부사 : 형부낭중 김정몽

판관 : 내알자 유장

🏵 **중군병마사** : 예빈경 박충숙

   부사 : 예빈소경 이양필

   판관 : 상서도사 고연경, 사재주부 유백부, 호부 원위랑 고영기

🏵 **통군사** : 형부상서 최사위

   부사 : 호부시랑 송린

   판관 : 좌사 원외랑 황보신시, 병부 원외랑 원영

   녹사 : 조원

행영도통사가 전군을 지휘하는 최고사령부의 역할이고, 유일한 무관인 상장군 안소광의 행영도병마사가 실질적인 야전사령관의 임무를 맡는 구조였다. 좌군, 우군, 중군은 기본적으로 실전부대를 3군 체제로 운영하기 때문에 그렇게 배정된 것이며, 통군사는 임시로 편성되는 변방의 군사지휘관을 말하는데 아마도 이번에 선봉대 내지 독립부대의 성격으로 편성된 것이 아닐까 생각된다. 이 자리는 현종의 최측근 최사위가 맡았는데, 이런 위급상황의 와중에도 강조에게 쏠려 있는 군사권을 조금이라도 견제해야 한다는 그런 현종의 불안감이 발동했던 것이 아닌가 싶다.

이와 같은 편제로 총 30만 명의 군사를 동원하여 통주(通州, 평북 선천)에 주둔하여 거란 군의 침공에 대비하기로 하였다. 이와 같은 대규모의 병사력은 고려 초인 제3대 정종 때 전국적으로 설치하였던

광군(光軍) 조직에 기반 하였을 것이다. 광군은 당초 지방에 분산되어 있는 호족의 군사력을 중앙정부에서 직접 관장하기 위해 일괄적으로 재배치한 예비 병력을 지칭한다.

이중 안소광은 대대로 무관을 지낸 집안 출신으로 몸집이 크고 외모가 출중했으며 성격이 드셌고 매사냥과 승마를 즐기는 사람이었다. 목종이 즉위할 때 왕을 추대한 공이 있다 하여 숙위를 전담하게 되었으며 목종의 총애와 우대가 비할 바가 없었다고 한다. 그런데 사실 목종 즉위는 어머니 천추태후의 주도하에 이루어졌을 것이기 때문에 친목종파라기보다는 친천추태후파였다고 봄이 정확할 듯하다. 안소광의 출신지역이 동주(洞州)인데 김치양도 같은 동주 출신이었다는 점도 이를 간접적으로 말해준다. 그는 현종이 즉위한 다음에도 누차 승진하여 상서우복야까지 오르게 되는데, 전통 무관이지만 이번 거란과의 전쟁에서는 특별히 공적을 세운 바가 없다. 이후에 어떤 계기를 통해 친현종파로 시의 적절하게 갈아탄 점이 주효했을 것으로 본다.

또한 윤징고도 주목해볼 만한 인물인데, 성종 말기에 과거에 급제했고 목종 때에 감찰어사까지 승진하였었다. 현종 즉위 시 시어사로 뛰어올랐다가 전쟁 후인 1013년 국사수찬관(國史修撰官)이 되어 고려 초 태조에서 목종까지의 역사, 일명 칠대실록(七代實錄)를 집필하는 작업에 참여하게 되는 인물이다. 나중에 윤징고나 혹은 같이 작업을 한 최충(崔冲) 등에 의해 강조에 대한 악의적인 기록 말살이

주도되었을 가능성이 높다. 어쨌거나 당대의 평가로는 성품이 진중하고 엄격했으며 풍채가 아름다웠고 글씨를 잘 썼다고 한다. 이르는 곳마다 처사가 공평하고 남의 결함을 꼬집어 말하지 않으니 사람들이 그를 어려워하면서도 좋아하였다는 평이다.

이외에도 서북면 도순검사로 양규, 동북계 도순검사로 탁사정이 나가 있었다. 이들은 기존의 국경방어군을 지휘하는 역할이었다. 이들이 고려를 위기에서 구해내는 데 있어 어떤 역할을 하게 되는지 관심을 가지고 지켜볼 필요가 있겠다.

그런데 보다시피 지휘관들이 대부분 문관 출신 관료들 일색이었다. 강조와 이현운은 그래도 국경수비의 경험이라도 있지만, 각 부처들의 장차관급 인사들 그리고 감찰업무나 의전업무를 담당하던 고위인사들을 군사지휘관으로 임명한 것은 아무래도 문제의 소지가 있었다. 그렇게 된 이유는 사실 강조에게 있는 것은 아니다. 당시의 고려사회는 무신정권이 들어서기 전까지는 전형적인 문관 위주의 사회여서 문관들이 군사지휘관을 담당하는 일이 당연한 것으로 받아들여졌다. 하지만 문관 중심의 군사 편성이 불러올 결과는 이들이 예상치 못한 것이었다.

10월 8일, 요나라에서 급사중 고정과 합문 인진사(引進使) 한기(韓杞)가 고려 조정에 들어와 군사행동을 취할 것임을 최종 통보하였다. 공식적인 선전포고였다. 고려에서도 급히 참지정사(종2품) 이예윤과 우복야(정2품) 왕동영을 요나라에 보내어 출병을 중지해줄 것을 요청하였지만, 이미 마음을 굳힌 성종의 반응은 차가웠다.

이때까지 요나라에 사신으로 간 진적, 윤여, 김연보, 왕좌섬, 백일승, 이예윤, 왕동영 등 10여 명은 전후에도 귀국하지 못하고 요나라에 붙들려 있게 된다. 고려 입장에서는 요나라 내부의 정보를 파악하는 데 한계가 있을 수밖에 없는 일이었지만, 이미 전쟁을 마음먹은 성종은 정보의 차단을 통해 대(對)고려 전쟁 수행에 있어 우위를 점하고자 하였던 이유가 더 컸다.

연이어 11월 1일에는 내사문하성 소속 기거랑(종5품) 강주재를 동지를 축하한다는 명목으로 거란에 파견하였다. 이처럼 어떻게든 전쟁만은 피하고자 하는 고려의 간절한 행동들이 이어졌다. 하지만 곧바로 요나라 성종이 보낸 장군 소응이 고려에 와서 성종이 직접 고려 침공을 진두지휘할 것이라는 사실을 알려왔다. 협상은 완전히 결렬되었다.

이제 다들 마음을 정리한 것이었을까? 11월 15일, 정당문학 최항의 제안으로 그간 중단되었던 팔관회를 대대적으로 열어 국민들의 사기를 북돋았다. 모두가 전쟁은 이미 시작되었다는 사실을 느끼고 있었다. 국론의 분열을 막기 위한 정신적 매개체가 필요한 상황이었고, 불교국가 고려의 정체성을 전쟁이 되찾아준 셈이었다.

그리고 드디어 바로 다음날인 11월 16일, 요나라의 성종이 '의군천병(義軍天兵)'이라 명명한 보병과 기병 총 40만 명의 군대를 직접 이끌고 압록강을 건너 흥화진(興化鎭, 평북 의주)을 포위하였다. 이때 강조

의 후임인 서북면 도순검사 양규가 미리 홍화진까지 와서
총지휘를 맡았고, 홍화진의 지휘관인 진사(鎭使)
호부낭중(戶部郎中) 정성(鄭成)과
부지휘관인 부사(副使) 장작(將作),
주부(主簿) 이수화(李守和),
판관(判官) 장호(張顥)까지
모두 힘을 합쳐 성을 굳게
방어했다.

거란군진격로

11월 17일, 성종은 통주성 밖에서 곡식을 거두던 남녀를 붙잡아서 각기 비단옷을 내려주고 종이를 매단 화살 하나씩을 주고는 군사 300여 명에게 이들을 데리고 홍화진으로 보내어 항복을 권유하게 하였다. 그 화살에 붙인 글은 다음과 같았다.

"전왕 왕송(목종)이 우리 요나라에 복종한 지가 오래되었는데 지금 역신 강조가 국왕을 시해하고 어린 자(현종)를 왕위에 앉혔기에 내가 친히 정예부대를 이끌고 이미 국경에 당도했다. 너희들이 강조를 사로잡아 내 앞으로 보내오면 즉시 군사를 되돌릴 것이나, 그렇지 않으면 곧바로 개경으로 쳐들어가서 너희 처자들을 몰살해버릴 것이다."

다음 날인 11월 18일에 또 칙서를 화살에 매어 성문을 향해 쏘았다.

"홍화진의 성주(城主)와 군인 및 백성들에게 포고한다. 고려의 전왕 왕송(목종)이 그 가문을 계승하여 우리의 신하가 되어 국경을 지켜오다가 갑자기 간흉(강조)의 손에 살해되었으므로 내가 정예부대를 거느리고 그 죄인을 토벌하러 온 것이다. 그에게 위협당하여 어쩔 수 없이 따른 자는 모두 사면해주겠다. 너희들은 전왕으로부터 두터운 은혜를 입었고 또 역대 국왕들이 왜 대국에 순종하였는지도 잘 알고 있을 터이니, 마땅히 내 뜻을 이해하고 후회하는 일이 없도록 하라."

이날 홍화진의 이수화가 대표로 성종에게 답신을 작성하여 보냈다.

"하늘 아래 땅 위의 모든 이들은 누구나 간악한 자를 제거하려 할 것이고, 부모와 임금을 섬기는 자라면 모름지기 절조를 굳게 지켜야 하니, 만약 이 도리를 저버린다면 반드시 재앙을 받을 것입니다. 바라건대 백성들의 사정을 두루 살피시어 명철한 지혜로 정확한 판단을 내려주시고 부디 저희들의 포위를 풀어주시길 당부 드립니다. 이 무고한 백성들을 잡아서 무엇을 얻으실 수 있겠습니까? 참새들을 잡지 말고 맹수를 잡으셔야 하지 않겠습니까? 군사를 돌리셔야 저희들의 복종을 얻으실 수 있을 것입니다."

11월 19일, 성종이 이 답신을 읽고 비단옷과 은그릇 등의 물품을 홍화진의 장수들에게 보내왔다. 그리고 재차 투항을 권유하는 글을 함께 보냈다.

"보내온 글은 잘 읽어보았다. 내가 역대 성군(聖君)들을 계승하여 온 세상을 다스림에 있어 나에게 충성하는 선량한 자는 반드시 포상하고 흉악한 반역자는 기필코 토벌하여왔다. 이번에 강조가 이전 국왕을 죽이고 저 어린 임금을 끼고 점점 방자하게 굴면서 상과 벌을 마음대로 하는 등 잘못된 위세를 부렸다. 이에 내가 친히 그를 토벌하여 특히 올바름을 명확히 하고자 지금 대군을 거느리고 가까운 곳까지 왔다. 앞서 글을 보낸 것은 차분하게 회유하겠다는 의사 표시였는데, 이제 그대들의 글을 보니 항복한다는 말이 없으니 문장은 공손할지언정 막상 그 진술이 마음속에서 우러나온 것이 아님을 알 수 있었다. 하물며 그대들은 일찍이 관직에 있었으니 분명 순리와 반역을 분간할 줄 알 텐데도 어찌 역적 도당을 방조하고 살해당한 전왕의 원수를 갚지 않는 것인가? 마땅히 평안과 위험을 살피고 미리 행복과 불행을 구분할 줄 알아야 할 것이다."

11월 20일, 이수화가 또 다시 회답하는 글을 보냈다. 말은 부드러웠지만 결사항전에 대한 굳은 결의가 느껴지는 글이었다.

"어제 보내신 글을 읽고 진실된 말씀을 드리려고 합니다. 저희가 원하는 바는 그저 죄인을 가엽게 여겨 풀어주는 은혜와 자애로써 저희에 대한 포위를 풀어 주십사 하는 것입니다. 눈보라와 찬 서리를 견뎌내는 송죽처럼 우리 백성들의 마음을 안정시키도록 노력하겠으며, 분골쇄신하여 길이길이 조국의 천년 위업을 받들 결심입니다."

성종은 이 글을 끝으로 홍화진의 고려군에게 항복할 의사가 전혀 없음을 깨닫고 어쩔 수 없이 11월 22일 결국 포위를 풀었다. 표현은 부드러웠지만 사실상 협박에 가까운 말과 함께.

"그대들은 백성들을 위안하고 기다리고 있도록 하라."

그리고는 20만 군사는 인주(麟州, 평북 의주군) 남쪽 무로대(無老代)에 예비 병력으로 주둔시키고, 나머지 20만의 본진을 이끌고 통주로 진격하였다.

결국 이곳 홍화진 하나 때문에 기동력을 최우선시하는 거란 군은 부득이 군대를 분리할 수밖에 없었다. 당장은 신속한 공격을 위해 나아가더라도 차후에 귀로를 확보해두지 못했을 때의 위험성을 이들은 경험으로 잘 알고 있었다.

이에 앞서 11월 17일, 통군을 이끄는 최사위 등이 군사를 나누어 귀주(龜州, 평북 귀성) 북쪽의 육돈(恧頓), 탕정(湯井), 서성(曙星)의 세 방향으로 출진하여 거란 군과 교전하였지만 패하였다. 확실히 그는 군사적 재능이 뛰어난 인물은 아니었던 모양이다. 그가 이끈 병력의 수는 정확히 알 수 없지만 6개 군 중 1군을 담당하였으니 그래도 5만 내외는 되지 않았을까 싶은데, 어쨌든 선봉으로서 아까운 패배였다. 이들이 뚫림으로써 곧바로 강조가 이끄는 본진이 전면에 노출되었다.

11월 24일, 강조가 군대를 이끌고 통주성 남쪽으로 나와서 전군을 세 부대로 나누어 강을 사이에 두고 진을 쳤다. 한 부대는 통주 서쪽에 집결하여 세 곳의 물(三水)이 만나는 장소에 거점을 두었는데, 강조가 이쪽에 속해 있었다. 또 한 부대는 통주 근방의 산에, 나머지 한 부대는 통주성에 가깝게 배치하였다.

성종이 직접 이끄는 요나라의 20만 군대는 그 사이 동산(銅山, 지금의 철산鐵山) 아래에 도착하였다. 강조는 미리 준비해왔던 검차(劍車)를 활용해 진을 배치하여 거란의 군사가 쳐들어오면 검차가 포위하여 공격하니 적들의 패배가 계속되었다. 이는 기병 중심의 거란족에 맞설 수 있는 최선의 판단이었다. 기병들이 치고 들어오면 검이 꽂혀 있는 수레를 앞세워 말들을 공격하니 기병들이 고려군을 정면으로 뚫고 들어올 수가 없었던 것이다. 전쟁에 앞서서 미리 거란 군의 전술을 파악하고 이에 대해 철저한 준비를 한 고려군의 1차적인 승리였다.

그러나 거란 군도 만만한 존재는 아니었다. 다양한 적들과 온갖 상황에서 별의별 전투를 다 벌여온 그들의 경험은 결코 무시할 수 없었다. 수차례 시도는 해보았으나 고려의 검차부대를 정면 돌파 하는 데에는 계속 실패하자 이들은 다른 수단을 강구하였다.

순간적으로 거란의 선봉 야율분노가 우피실(右皮室)의 장군(거란어로 상온詳穩) 야율적로(耶律敵魯)와 함께 삼수채(三水砦), 즉 삼수의 보루를 급습하면서 사태는 예상치 못한 방향으로 흘러갔다. 이것이 이번 통주 회전의 승패를 갈랐다. 그들이 어떻게 최고사령관 강조가 있는 위치를 정확히 알았는지는 오늘날까지도 미스터리다. 추측컨대 아마도 당초 삼수채로 적군을 최대한 끌어들여 포위공격을 하려던 것이 고려군의 작전이었던 것은 아닐까 싶기도 하다. 다만 거란 군의 맹공을 고려군이 어떤 이유에서인지 제대로 막지 못하면서 사태는 걷잡을 수 없이 악화되어버렸다.

행영도통사가 있는 고려군의 지휘부인 삼수채가 말 그대로 격파 당하면서 고려군은 극도의 혼란에 빠지고 말았다. 최고사령관인 강조와 부사령관 이현운, 판관 노전(盧戩) 그리고 행영도통사 휘하로 보이는 감찰어사(종6품) 노의(盧顗), 양경(楊景), 이성좌(李成佐) 등이 모두 포로로 잡혔고, 병마사 안소광의 차선임자인 병마부사 노정(盧頲) 및 이해 여름에 과거에 급제한 사재승(司宰丞) 서숭(徐崧), 하급관리인 주부(注簿) 노제(盧濟) 등 행영도병마사 휘하로 보이는 이들은 피해가 좀 더 커서 전투 도중 사망하였다. 이를 앞서의 편제에 표기해보면 다음과 같다.

🏵 **행영도통사 : 참지정사 강조**~~(포로, 이후 사살)~~

　　부사 : ~~이부사랑 이현운~~ (포로), 병부시랑 장연우

　　판관 : 기거사인 곽원시, 시어사 윤징고, ~~도관 원외랑 노전~~ (포로)

　　수제관 : 우습유 승리인, 서경 장서기 최충병

🏵 **행영도병마사 : 검교상서 우복야 상장군 안소광**

　　부사 : 어사중승 노정 (사망)

　　판관 : 병부낭중 김작현, 황보유의

　이 중에 장연우, 윤징고, 승리인, 안소광, 황보유의 등은 각지로 뿔 뿔이 흩어졌고, 나머지 인물들의 생사는 더 이상 확인이 되지 않는다.

　거란 군은 강조를 생포하여 데리고 가버리니 고려군은 큰 혼란에 빠졌다. 거란 군은 승기를 타고 수십 리를 추격하여 3만여 명의 고려병사들을 사살하였고 그 외에도 내버려진 군량, 갑옷, 무기가 셀 수 없이 많았다.

　거란 군이 추격해오는 와중에 고려의 좌우기군(左右奇軍, 기습부대) 장군 김훈(金訓), 김계부(金繼夫), 이원(李元), 신령한(申寧漢) 등이 완항령 [緩項嶺, 지금의 정주(定州) 서쪽 15리 지점, 당안령(當安嶺)]에서 매복하고 있다 가 육탄전으로 급습하여 거란 군을 패배시켜 가까스로 물러나게 하 면서 겨우 한숨을 돌릴 수 있었다. 이들의 이후 행적은 알 수 없지 만, 이원의 경우 이후 탁사정, 지채문에게 가담하여 거란 군에 대한

항전을 계속하고, 신령한은 곽주 전투에 다시 참전하는 것으로 보아 다들 다른 고려군들과 세력을 합친 것으로 보인다.

여담이지만, 『송사』라는 당대의 역사책에 따르면 이 당시 거란이 크게 군사를 일으켜 고려를 공격하자 고려군이 여진과 함께 기습군(奇兵)을 배치하고 반격해서 거란 군 태반을 죽였다고 하였는데, 기습부대의 존재는 이때의 좌우기군뿐이어서 아마도 여진군의 지원을 받은 전투는 이 완항령 전투를 의미하는 것 같다. 이 외에도 고려와 여진의 협동공격의 사례는 더 있을 수 있지만 그 외의 기록은 아쉽게도 찾을 수가 없다. 이들 여진족 입장에서는 아마도 앞서 거란에 고의적으로 정보를 흘렸던 동여진과 분파는 좀 달랐겠지만 거란의 고려 정복 시 순망치한의 관계가 무너지게 되면 자신들 역시 거란의 다음 차례가 될 것을 우려하여 고려군을 도왔을 여지도 있다. 이들은 그렇다면 아마도 서여진이었거나 혹은 일부는 발해유민들이었을지도 모를 일이다. 어쨌거나 여진은 한편으로는 요나라에 정보를 제공한 첩자의 역할을 하기도 했지만 다른 한편으로는 고려를 도와 거란에 항전을 같이 한 혈맹의 역할도 한 것이니 이를 기억해둘 가치는 충분히 있다.

그런데 이상한 점이 한 가지 눈에 띈다. 강조는 전투의 승기를 잡고 여러 차례 요나라의 기병부대를 무찔렀지만, 그래서 오히려 적을 얕보게 되어 진중에서 바둑이나 두며 시간을 보내다가 거란 군의 기습을 맞았고 이 때문에 무너졌다는 것이 공식적인 기록이다. 그리고 이어지는 것은 목종의 환영이 나타나 강조를 꾸짖었다는 믿기 힘든 내용인데, 아무래도 무언가 수상하다.

나의 추측은 이러하다. 불확실성을 감안하여 재구성해보면 다음과 같았을 것이다. 당초 고려군은 몇 차례 전투에서 승리를 한 후 좀 더 큰 승리를 위해 포위공격을 준비하였던 것으로 보인다. 이를 위해 거란 군을 진중 깊숙이 끌어들이는 기만전술을 펼쳤던 것인데, 결과적으로는 이 작전이 실패로 돌아가면서 전쟁이 끝난 다음 누군가가 이 일을 기록하면서 강조에 대해 일부러 악의적으로 묘사하였던 것이리라.

그러나 여기에 덧붙여서 좀 더 할 이야기가 있다. 미리 얘기하자면 이건 정말 순수 음모론이니 굳이 동의하지 않아도 무방하다. 아무리 생각해도 억울한 점이 있어 보여서이다.

살인을 하고 그 시체를 감추는 데에 가장 좋은 곳은 어디일까? 대개 나뭇가지를 감추기 가장 적합한 곳이 숲이라고 하는 것처럼, 사람을 죽이고도 그 사실을 은폐하기 가장 쉬운 곳은 전쟁터이다. 누군가를 제거하고 그러한 사실을 감추려면 고의적으로 전쟁이라는 상황을 활용하면 유리해진다. 죽고 죽이는 일이 빈번하게 발생하는 곳이 전쟁터이다 보니 누가 죽는다 하더라도 아무도 의심하지 않을 것이 당연하기 때문이다. 물론 리스크는 있지만 성공만 하면 살인을 저지른 이는 주변으로부터 전혀 의심을 받지 않을 수 있어 이보다 좋은 선택은 없다.

내 의심은 목종의 환영이 나타났다는 말도 안 되는 기록이 있는 것에서 시작되었다. 누구나 이 부분을 읽으면 그 말도 안 되는 이야기가 국가의 공식 기록에서 왜 뜬금없이 이 맥락에 나타날까 궁금해 할 것이다. 이 기록은 조선시대에 고려사와 고려사절요라는 전 왕조의 역사기록을 정리하면서 살아남은 것인데, 그 출처는 지금은 전해지지 않는 고려왕조실록이었다. 그리고 이 초창기 고려왕조실록이 이때 거란 군의 침공에 의해 불타 없어지면서 새로 작성한 것이 현종 때이다. 바로 현종이 제2차 거란-고려 전쟁 이후에 국가의 공식적인 역사를 기록하게 한 장본인이며, 이 뜬금없는 귀신 이야기도 이때 실리게 된 것이었다. 한 마디로 고려군의 통주 전투 패배의 책임을 강조에게 온통 덮어씌우면서 비합리적인 것을 알면서도 죄를 만들어내기 위해 억지로 목종과 강조의 이간질을 시도했던 것이다.

틀릴 개연성을 안고 감히 추측해보자면, 현종 내지 친현종파 세력은 강조의 죽음을 원했고 그것을 진중에서 전쟁 중 시도했을 가능성이 있으며 이를 덮기 위해 억지로 역사기록을 조작해낸 것으로 보인다는 것이 나의 의심이다. 물론 이에 대한 결정적인 반론은 이후 고려군이 패퇴하면서 현종 자신도 어쩔 수 없이 살기 위해 개경을 떠나 전라도 나주까지 피신을 해야 했다는 사실이다. 즉 자신의 목숨까지 걸고 과연 그런 암살의 리스크를 졌을까 하는 부분인데, 이는 역으로 현종이 이 음모론에서 핵심은 아니라는 반증일 것이다.

강조의 포위작전에서 누군가가 계획대로 임무를 수행하지 않았고 거란 군이 고려의 지휘부를 강타하면서 강조는 자연스럽게 죽음이든 포획이든 당하게 만들 수 있었을 것이다. 아마도 자신의 목숨까지 담보로 걸 정도의 무모한 음모는 펼치지 않았을 테니 행영도통사나 행영도병마사의 군대는 아니었을 것으로 보인다. 이들 두 부대가 가장 큰 피해를 입었으니 이 소속 지휘관들은 당연히 그 음모의 주체가 될 수 없다.

그렇다면 이 통주 전투 때 피해를 입지 않은 누군가가 이 음모를 수행하였을 가능성이 높은데, 이는 좌군(소부감 최현민), 우군(형부시랑 이방), 중군(예빈경 박충숙)일 수도 있다. 그런데 이들은 현장에 너무 가깝게 있었고, 또 보는 눈이 너무 많은 것이 문제다.

가장 의심이 드는 인물은 통군사 최사위다. 불과 일주일 전 귀주 북쪽에서 거란 군과 일전을 벌여 패한 다음 그의 위치는 기록에서 사라진다. 그런데 그는 전쟁이 끝난 다음 현종의 치세기 동안 다른 모든 이들을 제치고 친현종파의 핵심인물로 두각을 나타내게 되는데, 그가 단순히 현종 옹립의 공만으로 그렇게 최고의 자리에 오를 수 있었다고 단정 짓기에는 약간 부족한 감이 없지 않다. 현재까지 알아본 바로는 그가 갖는 유일한 강점은 대량원군 시절부터 현종을 보호하는 역할을 자처했다는 사실이다. 그것 외에는 더 없었던 것일까?

그의 치명적 결점은 이번 전쟁에서의 결정적 패배로 밝혀졌듯이 군사능력의 부족에 있었다. 만약 이 전쟁을 고려군이 승리한다면 결과적으로 고려군을 총지휘한 강조가 최고의 공신이 될 것은 불을 보듯 뻔한 일이다. 이는 곧 자신이 상대적으로 평가절하를 받을 수밖에 없는 상황으로 밀려나게 될 것이라는 의미가 된다. 그럼 그의 입장에서는 선택의 길이 두 가지가 있다. 하나는 이대로 현실을 수긍하고 숨은 2인자로 만족하거나, 혹은 경쟁자를 대패하게 만듦으로써 자신의 패배를 희석시키거나.

그래서 드는 의심은 강조의 거란 포위공격 작전에서 그가 맡은 중대한 역할이 있었는데 이를 고의적으로 어겼다거나 혹은 오히려 정보를 넘기거나 하여 최고사령관 강조를 거란의 손아귀에 빠트리도록 모종의 음모를 벌인 것이 아닌가 싶은 것이다. 그렇게 하여 군사력을 쥐고 있던 강조를 적의 손으로 차도살인 할 수 있게 됨으로써, 자동적으로 전장에서 합법적으로 현종 최대의 잠재적 경쟁상대를 제거하는 일을 성취해낼 수 있었던 게 아니겠는가 하는 것이 나의 추론이다.

지금까지의 이러한 추정을 증명해줄 수 있는 증거는 물론 전혀 없다. 믿고 싶지 않다면 그냥 무시하고 넘어가도 좋다. 이 음모론을 제외한 다른 부분, 즉 강조는 고려군의 최고사령관으로서 철저한 작전계획을 세우고 최선을 다해 거란 군과의 전투에 임했으며 그 결과 일정부분 성공도 거두었으나 모종의 사유로 포위작전의 실패로 인해 자신도 결국 목숨까지 잃게 되었다는 것만큼은 역사적 사실이다. 그는 고려를 팔아먹은 배은망덕한 위인이 아니었다. 자신의 귀순을 종용했던 요나라 황제 성종 앞에서도 고문을 이겨내며 죽는 순간까지 자신은 절대 조국을 배신할 수 없다고 소리친 그는 진정 당당한 고려인이었다. 강조의 정적마저도 다른 것들은 대부분 지웠어도 그의 애국심만큼은 역사에 기록을 남겨 그를 추모하고자 하였다.

이와 같이 고려군의 핵심을 강타하는 데 성공한 다음 거란 군은 강조의 편지를 위조해서 흥화진에 보내 항복을 권유하였다. 그러나 양규의 눈에는 그 치졸한 술수가 보였던 모양이다.

"나는 왕명을 받고 온 것이지, 강조의 명령을 받는 것이 아니다."

양규는 강조의 후임으로 온 서북면 도순검사였음에도 그 관계를 거란 군에 약점으로 잡히지 않기 위해 의도적으로 강조와의 거리두기를 한 것이다. 그리고 이는 곧 강조가 자신의 사리사욕을 위해 자기 사람을 요직에 심는 그런 얕은 위인이 아니었음을 말해주는 사례이기도 하다.

거란 군이 이번에는 항복한 고려인 노전과 요나라의 합문사 마수(馬壽)를 격문과 함께 통주성에 보내어 항복할 것을 종용하니, 성 안의 사람들이 거란 군의 공세가 이제 자신들을 향할 것을 알고 모두 극심한 공포에 빠졌다. 이러다가 자칫 사람들이 성을 포기할지도 모르겠다는 위기감을 느낀 중랑장 최질(崔質)과 홍숙(洪淑)이 분연히 일어나 사신으로 온 노전과 마수를 전격 체포한 다음 방어사 이원귀

(李元龜), 부사 최탁(崔卓), 대장군 채온겸(蔡溫謙), 판관 시거운(柴巨雲)과 함께 성문을 걸어 잠그고 굳게 지키니 성안 사람들의 흔들리던 마음이 점차 하나로 모아졌다.

이때 노전은 거란의 포로로 왔다가 풀려나서 이후 전쟁에서 어떤 역할을 하였는지는 알 수 없으나 고려 조정에서 몇 차례 승진을 하고 후대에는 그 역시 공신으로 뽑히게 되는데, 기록상으로는 그가 공신으로까지 불릴 만한 공적을 남기는 것이 발견되지 않는다. 혹 나중에 보게 될 박섬(朴暹)처럼 고려에는 변절했을지언정 현종에게는 충성을 다 바쳐 그 까닭으로 공신의 칭호를 얻게 된 것은 아닌지 모르겠다.

어쨌든 이와 같이 거란 군과의 최전방 지역 두 곳, 흥화진과 통주성은 천만다행히도 고려군의 손에 남게 되었다. 이 두 곳이 없었더라면 고려는 어찌 되었을지 모를 정도로 그 전략적 중요성이 매우 높은 지역이었다. 곧이어 이곳들을 거점으로 하여 고려군의 반격이 시작되게 된다.

달이 바뀌어 12월 6일, 거란 군이 결국 곽주(郭州, 평북 정주군 곽산면)를 함락시켰다. 거란 군이 공격해오자 이곳 곽주성의 지휘관인 방어사 호부원외랑 조성우[趙成祐, 또는 조성유(趙成裕)]는 지레 겁을 먹고는 야밤을 틈타 비겁하게 도망쳤고, 남은 이들이 대신 결사항전을 하였다. 그 결과 통주 전투에서 겨우 살아남았던 행영수제관 우습유 승리인(乘里仁)부터 발해유민으로 보이는 대장군 대회덕(大懷德)과 신령한(申寧漢), 공부낭중 이용지(李用之), 예부낭중 간영언(簡英彦) 등이 모두 전사하였고 성은 끝내 함락되고 말았다. 이곳에 거란 군은 6천여 명의 병사를 남겨서 성을 수비하게 하였다.

이틀 후인 12월 8일, 거란 군이 청천강까지 다다르자 안북도호부사 공부시랑 박섬(朴暹)이 곧바로 안북부성(평남 안주)을 버리고 도망쳤고, 백성들 역시 믿을 곳이 없어지자 모두 제 살길을 찾아 뿔뿔이 흩어졌다. 바로 다음 날, 거란 군이 서경에 이르렀고 그 와중에 거란 군에 의해 태조 왕건이 통일과 북진을 염원하며 건축했던 중흥사의 탑이 불타버리는 일이 있었다.

12월 10일에는 동시다발적으로 숙주(肅州, 평남 평원군)가 함락되었다. 앞서 거란 군에 포로로 잡혔던 노의(盧顗)가 지금은 거란 군의 앞잡이가 되어 이날 거란인 유경(劉經)에게 길안내를 해주어 격서를 가지고 서경에 이르러 항복을 권유했다. 서경부유수 원종석(元宗奭)은 부하들인 최위(崔緯), 함질(咸質), 양택(楊澤), 문안(文晏) 등과 한참을 논의한 끝에 결국 항복하기로 마음먹고 투항문을 작성하였다.

이 직전까지 중랑장 지채문은 귀양 간 유종을 대신해서 동북방의 화주(和州)를 방어하고 있었는데, 강조의 본진이 격파 당했다는 보고를 받은 조정에서 위기상황이라는 판단 하에 그에게 휘하의 병력을 이끌고 서경을 지원하라는 명령을 내렸고, 이에 그는 즉시 군용사(軍容使) 시어사(侍御史) 최창(崔昌)과 함께 강덕진(剛德鎭, 평남 함천군)까지 진군해온 상태였다. 거란 군이 벌써 서경에 다다랐다는 소식을 접한 지채문과 최창은 급히 군사를 독려하여 서경으로 달려왔지만, 성문은 이들 앞에 굳게 닫혀 있을 뿐이었다.

최창이 소리 질러 분대어사(分臺御史) 조자기(曹子奇)를 불러내어 따져 물었다.

"우리들은 국왕의 명령을 받고 밤낮없이 행군하여 서경을 구원하러 왔는데, 무슨 이유로 성문을 닫고 우리를 들어보내주지 않는 것이오?"

그러자 조자기가 그 사이 노의와 유경이 와서 항복을 권유했던 일을 자세히 설명한 뒤 드디어 성문을 열어주었다. 참고로 조자기는 전쟁 이후에도 강민첨 등과 동여진과의 전투에서 승리를 거두는 등 무장으로서의 이력을 이어가게 된다. 지채문은 휘하 병력을 이끌고 입성하여 옛 궁전(장락궁)의 남쪽 행랑에 주둔하였다.

최창이 부유수 원종석에게 노의와 유경을 억류하고 성을 방어하자고 설득해보았지만 그의 반응이 왠지 뜨뜻미지근했다. 이에 원종석의 속마음을 알아챈 최창은 지채문과 모의하여 은밀히 군사를 성 북쪽으로 파견해 노의와 유경이 거란 본영으로 돌아가는 것을 기다렸다가 습격하여 죽이고는 투항문을 빼앗아 불살라버렸다. 서경 내의 항복파들에게 이제 더 이상 돌이킬 수 없도록 강제로 배수의 진을 쳐버린 것이었다.

하지만 당시 성안에는 그럼에도 이 위기상황에 크게 동요하는 분위기여서 거의 항복하는 쪽으로 여론이 흘러가고 있었다. 이에 항전파를 자처하는 지채문은 서경성 내의 항복파와의 군사적 마찰을 우려하여 장소를 옮겨 성 바깥 남쪽에 주둔했는데 서경의 지휘관들 중에서는 대장군 정충절(鄭忠節)만이 그를 따라왔을 뿐이었다. 이는 그만큼 서경성의 분위기가 항전보다는 항복 쪽으로 기울어져 있었음을 말해준다.

이들에게 다행이었던 것은 조금 뒤 동북계 도순검사(東北界都巡檢使) 탁사정이 군대를 거느리고 서경에 도착하였다는 것이었다. 탁사정의 대군이 합류하자 지채문과 항전파는 다시 힘을 얻었고 이에 군사를 합쳐서 다시 성 안으로 들어가 서경을 방어하는 쪽으로 기류를 바로잡을 수 있었다.

이 무렵 현종은 고려의 주력군이 패전하고 많은 지역들이 함락되자 본인이 직접 성종에게 조회(朝會)하는 조건으로 휴전을 제의하였고, 성종은 이를 항복 선언으로 받아들여 그 제의를 받아들였다. 이로써 공식적으로 거란 군의 고려인에 대한 약탈과 납치가 금지되었다. 현종의 항복을 곧이곧대로 믿은 성종은 정사사인(政事舍人) 마보우(馬保祐, 혹은 馬保佑)를 개경유수(開京留守) 그리고 안주단련사(安州團練使) 왕팔(王八)을 부유수(副留守)로 임명하고는 태자태사(太子太師) 을름(乙凜)에게 기병 1,000명을 대동시켜 부임지인 개경까지 호위하도록 하였다. 그러나 고려군은 아직 항전을 포기한 것이 아니었다.

다음 날인 12월 11일 성종은 유경과 노의로부터 연락이 없자 다시 합문인진사 한기(韓杞)에게 돌격기병대(突騎) 200명을 주어 서경성으로 보냈다. 한기는 두 달 전 고려에 사신으로 와서 요나라의 군사행동을 예고했던 그 인물이었다. 그는 서경성 북문에 이르러 외쳤다.

"황제께서 어제 유경과 노의 등을 통해 항복을 권유하는 문서를 보내었는데, 어째서 지금까지 전혀 소식이 없는가? 만약 명령을 거역하지 않을 것이라면 서경유수와 관료들은 나와서 나의 지시를 받으라!"

탁사정이 한기의 말을 듣고 지채문과 대책 논의를 하였는데, 결론은 싸우자는 것이었다. 이에 휘하의 정인(鄭仁)에게 명하여 유능한 기병대 100명을 이끌고 성을 나가 공격토록 하였다. 정인은 급습에 성공하여 한기 및 거란 기병 100여 명을 죽이고 나머지 역시 모조리 생포하여 단 한 사람도 거란 본영으로 돌려보내지 않았다.

이때 다가오던 을름의 거란 군이 시야에 들어오자 탁사정은 지채문을 선봉으로 삼아 나가서 을름과 싸우게 했고, 을름의 거란 군은 패하여 마보우를 대동하여 급히 후퇴하였다. 이에 성안의 민심이 조금 안정되었으므로, 탁사정은 성으로 들어오고 지채문과 이원(李元)은 나가서 자혜사(慈惠寺)에 진을 쳤다.

성종이 다시 을름을 보내 서경성을 공격해왔는데, 정찰을 나갔던 병사로부터 지채문에게 다음과 같이 보고가 들어왔다.

"적군이 안정역(安定驛, 평북 평원군)에 와서 진을 쳤는데 그 수가 대단히 많습니다."

지채문이 탁사정에게 급히 알리고, 다음날인 12일에 드디어 탁사정과 승려 법언(法言)과 함께 군사 9,000명을 거느리고 임원역(林原驛, 평남 대동군)에서 거란 군을 요격하여 격전 끝에 3,000여 명을 사살하는 대승을 거두었지만, 이 와중에 불행히도 법언은 전사하였다.

12월 13일, 지채문이 또 다시 출전하니 거란 군은 역시 패하여 달아났다. 이에 성안의 장수와 군사들이 성에 올라 이를 지켜보다가 거란 군의 패주를 보고는 승리를 확신하여 황급히 추격에 나섰는데, 마탄(馬灘, 서경 동쪽 40리 지점)에 이르자 거란 군이 돌연 역습을 가했고, 고려군은 당황하여 패퇴하기 시작했다. 이로써 거란 군은 결국 상황을 반전시켜 서경성을 포위하는 데 성공하였으며, 이때 성종은 성 서쪽의 절에 머물렀다. 탁사정은 발해유민 출신 장군 대도수(大道秀)를 불러 작전을 세웠다.

"장군은 동문으로 나는 서문으로 나가 앞뒤에서 공격하면 이기지 못할 것도 없을 것이오."

그리고는 탁사정은 휘하의 군사만을 거느린 채 그날 밤 몰래 성을 빠져나와 달아났다. 다음날 대도수는 아무 것도 모르고 있다가 대동문(大東門)을 나와서 거란 군을 공격했지만 반대편에서 탁사정의 군대가 나타나지 않는 것을 보고는 그제야 속았다는 사실을 깨달았는데, 이미 힘으로 적을 당해낼 수도 없는 상황이었기에 마침내 휘하 군사를 거느리고 거란 군에 항복해버렸다.

<평양성도(20세기 초) - 국립중앙박물관>

역사기록상으로는 탁사정이 이처럼 대도수를 속이고 자신만 살기 위해 달아난 것으로 되어 있지만 과연 진실이 그러했을까 하는 의문은 남아 있다. 실제 현실은 그가 요나라 대군과의 싸움에 밀려 대도수와 합류하지 못했던 것일 수도 있는데, 아마도 전쟁 후 그가 강조 일파라는 이유로 유배형에 처해지게 됨에 따라 정적들에 의해 역사를 기록하는 단계에서 그에 대한 평가절하가 마찬가지로 이루

어지게 되면서 피해를 본 것은 아닐까 의심해보게 된다. 왜냐하면 탁사정의 선봉인 지채문은 이로부터 10여 일 후나 되어서야 개경에 이때의 서경전투 경과를 보고하는데, 그 사이가 너무 긴 것으로 보아 아무래도 그 기간 동안 서경성을 떠난 탁사정과 지채문의 고려 군은 계속 거란 군과 야전 전투를 벌였던 것으로 짐작되기 때문이다. 거란 군의 대군에 의해 서경성에 진입할 수 없게 되면서 자연히 서로 떨어지게 되었고 이 와중에 대도수의 서경군이 항복하고 서경성만 고수하는 것은 어려울 수 있다는 판단 하에 그렇게 진지를 이동하였던 것은 아니었을까? 더 이상의 기록이 없어 짐작을 해볼 수밖에는 없는 일이지만, 이후의 탁사정 탄핵은 정확히는 대도수의 서경군을 구해내지 못했던 탓이 컸을 텐데 이를 의도적으로 곡해하여 단순히 전투를 피해 달아난 것으로 치부하여 단죄하였을 가능성은 없었을까 하는 생각이다.

이때의 요나라 기록에는 대도수의 이름이 예부낭중(禮部郎中) 발해 타실(渤海陀失)로 기록되어 있다. 도수와 타실(陀失, tuoshi, 투오슈)의 발음이 비슷하여 거란인이 발음대로 적다보니 발해인 도수라고 했던 것이 전해지는 과정에서 발해타실로 변형되어 기록된 것으로 여겨진다. 참고로, 강조(康兆)도 거란 측 기록에는 강조(康肇)라고 발음이 같은 다른 한자로 바뀌어져 남아 있다.

어쨌든 대도수는 993년 제1차 거란-고려 전쟁 때에도 거란 장수 소손녕(蕭遜寧)이 안융진(安戎鎭)을 공격했을 때 중랑장(中郎將)으로 당시 낭장 유방(庾方)—목종 말에 탁사정, 하공진과 함께 친종장군으로서 병환 중인 목종을 지켰던 바로 그 유방이다—과 함께 방어전에서 승리함으로써 거란 군의 전진을 차단하였고, 이것이 곧 서희와 소손녕의 외교협상 시 고려가 유리한 위치를 선점할 수 있었던 계기가 되었던 바 있었는데, 이번에 그와 같은 유능한 무장을 잃은 것은 고려군 입장에서는 뼈아픈 손실이었다.

이렇듯 믿었던 고려군의 장수들이 속절없이 무너지자 서경성 안은 분위기는 극도로 흉흉해졌다.

12월 15일, 서경성에 남아 있던 이들 중에 통군사 소속의 녹사(統軍錄事) 조원(趙元)과 동계 애수진[隘守鎭, 지금의 고원(高原)]의 진장(鎭將) 강민첨(姜民瞻), 낭장(郎將) 홍협(洪叶)·방휴가 처음에는 어찌할 바를 몰라 당황하였지만 곧 마음을 가라앉히고 대책회의를 가졌다. 이들은 고심 끝에 다 같이 조원을 추대하여 임시로 병마사로 삼고, 흩어진 군사를 모아 성문을 닫고 굳게 지키기로 하였다. 굳이 조원이 리더가 된 까닭은 이들 중 직책이 가장 높았기 때문일 것이다. 참고로 조원은 3년 전인 목종 대에 문과에 장원급제한 인재였다.

어쨌든 조원이 통군녹사였다는 것은 통군사 최사위 휘하에서 하위관직 즉 기껏해야 정7품 정도였을 것으로 보이는 녹사(錄事)였다는 말인데, 전쟁 초기 최사위의 군대가 거란 군에 패퇴하였을 때 그는 서경으로 후퇴해 와 있었던 모양이다. 그는 이로부터 거의 10년 후인 제3차 거란-고려 전쟁 때에 이곳 서경 근처 마탄(馬灘)에서 거란 군 1만여 명을 사살하는 전공을 거두어 이때의 치욕을 제대로 되갚게 된다.

그리고 강민첨은 목종 때 과거에 급제하여 관리의 인생을 시작해서, 나중에는 제3차 거란-고려 전쟁 때 강한찬의 부원수가 되어 소손녕의 거란 군을 격파하는 혁혁한 공을 세우게 되는 인물이다. 그는 비록 무술에 능하지는 않았지만 의지가 굳고 과감해서 문관 출신임에도 거란뿐만 아니라 여진족과도 싸워 전공을 올리는 독특한 이력을 쌓게 된다.

< 강민첨 초상화 - 국립중앙박물관 >

12월 16일, 큰 유성이 곽주 지방에 떨어졌다. 이날 양규가 흥화진

에서 군사 700여 명을 거느리고 통주로 이동하여 흩어졌던 군사 1,000명을 모았으며, 다음날인 17일 곽주로 진격하여 밤을 틈타 거란 주둔군 6,000명을 기습하여 모두 사살하고는 성안에 붙잡혀 있던 고려인 남여 7,000여 명을 구출해 통주로 피신시켰다. 계속된 패배 속에서 얻어낸 모처럼의 값진 승리였다. 아마도 이때의 유성은 고려군의 반격을 상징하는 존재로 여겨졌던 것은 아닐까.

12월 17일, 성종이 서경을 공격하였지만 함락시키지 못하자 포위를 풀고 동쪽으로 이동했다. 조원을 비롯한 남은 고려인들의 값진 성공이었다. 그리고 이틀 후인 12월 19일, 서경의 신사(神祠)에서 갑자기 회오리바람이 일어나 거란의 군사들과 말이 모조리 넘어졌다고 하는데, 아마도 서경의 고려군이 잔류해 있던 거란 군을 요격하였던 상황을 우회적으로 기록하여 남긴 것인지도 모르겠다.

이 무렵 위기를 헤쳐 나가기 위해서는 단 한 명도 아쉬운 상황이다 보니 앞서 유배를 보냈던 하공진과 유종을 소환하여 복직시켰다. 이때의 하공진을 복권시킨 일은 마치 백의종군한 이순신이 조선을 구했듯이 고려를 멸망의 위기로부터 구하는 현종의 신의 한 수가 된다.

이 다음 약 10일 동안의 일은 역사에 기록이 남아 있지 않다. 아마도 수많은 일들이 있었겠지만 역사 기록이 유실된 것이 아닐까 생각된다. 서경 방어전에 참여했던 인물들부터 탈출하여 개경으로 이동해온 인물들까지 많이 살아남아 있었는데도 왜 이때의 기록들이 통째로 사라지게 되었는지는 역사의 미스터리이다. 아쉽지만 우선은 10일 후로 넘어가서 마저 이야기를 진행하고자 한다.

12월 28일, 거란 군과의 전투에서 패주하여 개경으로 돌아온 지채문이 서경에서의 패전을 보고하였다. 무려 10일 넘게 행적이 공백으로 남아 있지만 아마도 거란 군에 좀 더 항전을 시도하다가 결국 중과부적이라는 판단 하에 수도 개경으로 돌아온 것은 아니었을까 짐작된다. 어쨌든 여러 신하들이 그의 보고를 듣고는 덜컥 겁을 먹고 거란 군에 항복할 것을 의논했다. 그러나 강한찬만은 반대의견을 개진하며 현종에게 남쪽으로 피난할 것을 제안하였다. 몇 년 후 다시 발발하는 거란 군과의 전투에서 대승을 거두게 되는 장군으로 역사에 이름을 남기게 되는 그이지만, 이때만 해도 여러 신하들 중 한 명에 불과했던 시절이었다.

"오늘날의 사변은 죄가 강조에게 있으니 걱정할 바가 아닙니다. 다만 전쟁의 상황이 중과부적이니 지금은 잠시 적의 예봉을 피하였다가 차차 반격할 기회를 찾아야 합니다."

바로 직전까지 거란 군과의 전투를 직접 겪어온 지채문 역시 이 의견에 적극 동조하였다.

"제가 비록 많이 부족하지만 국왕을 모시고 호위에 최선을 다하겠습니다."

현종은 이 말에 결국 결심을 내렸다.

"어제는 이원(李元)과 최창(崔昌)이 도망쳐 와서 나를 수행하겠다고 자청하더니, 지금은 다시 얼굴조차 보이지 않으니 신하된 도리가 과연 이러할 수 있겠소. 그런데 지금껏 경은 전선에서 수고했는데도 또 이제 나를 호위하겠다고 하니 그 뜻이 참으로 가상하오."

이와 같이 지채문을 칭찬하고는 이내 술과 음식이며 은장식의 말안장과 고삐까지 그에게 내려주었다. 현종 입장에서는 비록 생색내기였을지 몰라도 이처럼 신하들의 충성심을 자극해서라도 생존을 도모할 수 있는 절체절명의 상황이었다. 이원은 이후 행적이 묘연하나 최창은 나중에 유배형에 처해지게 되는데, 이때 현종 곁을 말없이 떠난 것이 그의 패착이 된 듯하다.

이날 밤 곧바로 현종과 왕후는 이부시랑 채충순 및 국왕 직속의 친위부대인 금군(禁軍) 50여 명과 함께 개경을 빠져나와 남쪽으로 출발했다.

12월 29일, 장단나루를 건너 적성현(積城縣, 경기 연천) 단조역(丹棗驛)에 이르니 무졸(武卒) 견영(堅英)이 다른 동료병사들과 함께 갑자기 활을 쏘면서 현종의 피난행렬을 공격해왔다. 모두가 당황한 사이 지

채문이 말을 달려 마찬가지로 활로 이들을 공격하여 겨우 물러나게
할 수 있었다. 얼마 후 이들은 다시 서남쪽 산에서 갑자기 뛰쳐나와
길을 막아섰는데 지채문이 또 활로 반격하여 물리쳤다.

이곳 적성현은 바로 그해 초에 목종이 시해되었던 그 장소였다.
아마도 견영 등은 이 현장에서 목종의 시해를 목격한 이가 아니었
을까. 그와 동료들은 냉혹한 정치논리에 의해 목숨을 빼앗긴 목종
을 보고 인간적 연민에서인지 안타까움을 느껴서인지 현종의 반정
을 반대하게 된 집단이었던 것으로 보인다. 이들의 사례로 보건대
현종이 강조의 도움으로 쿠데타를 통해 집권은 하였지만 아직도 지
방의 민심은 이를 인정하지 않고 전왕인 목종에 대한 애틋함을 가
지고 있었던 것은 아닌가 싶다. 안타깝게도 현종 입장에서는 이들
은 단순히 역적에 지나지 않았기 때문에 견영 등의 진실한 목소리
를 우리는 들어볼 기회가 없다.

오후 4시경 현종 일행이 겨우 창화현(昌化縣, 경기 양주)에 다다랐다.
이곳은 삼각산(북한산) 북쪽에 위치한 마을이었으니 이곳 주민들은
현종이 신혈소군이라 불리던 시절을 잘 알고 있었을 것이다. 아마도
창화현의 향리는 현종의 가장 암울했던 시절을 기억하여 그에게 이
렇게 질문을 던졌던 게 아닌가 싶다.

"국왕께서는 제 이름과 얼굴을 아시겠습니까?"

정확한 사정은 알 수 없지만 신혈소군 때에 그에게 도움을 주었던 것을 생색내려고 하였던 것인지 아니면 신혈소군에게 그 당시에 무시를 당하였던 것에 대한 불쾌한 기분을 풀기 위한 것이었는지 모르겠으나, 어쨌든 아무리 당시의 향리가 호족의 후예로 그 지역의 사실상의 유지 역할을 하였다고는 해도 이와 같은 행동은 분명 일국의 왕에게는 무례한 것으로 비쳐질 수 있는 것이었다. 자존심 강한 현종은 일부러 알아듣지 못한 척을 하였는데, 이에 향리가 화가 나서 일부러 한번 당해보라는 심정으로 아랫사람을 시켜 거짓 정보를 전하게 하였다.

"하공진이 군사를 거느리고 옵니다!"

지채문이 향리에게 무슨 상황인지를 물었다.

"무슨 연유로 오는 것인지 아는가?"
"채충순과 김응인(金應仁)을 사로잡기 위해서겠지요."

채충순은 알다시피 목종을 배신하고 현종파로 갈아타 현종 옹립의 공을 세운 이이고, 김응인은 강조 휘하에 있었지만 마찬가지로 현종을 삼각산 신혈사에서 수행해서 나온 인물이었다. 한 마디로 현종을 왕으로 세운 이들에 대한 문책이 아니겠느냐는 간접적인 지적이다.

이때 곁에서 향리의 답변을 들은 김응인과 시랑 이정충(李正忠), 낭장 국근(國近) 등은 저 혼자 살기 위해 도망쳐버렸다고 하는데, 기록의 오류인지 사실 김응인은 계속 남아서 현종을 호위한 인물이었다. 그 외에도 채충순과 주저, 그리고 지채문은 남아서 현종을 계속 호위하였다. 채충순이나 주저는 다른 사람들과 달리 송나라 귀화인 출신이어서 굳이 도망쳐 숨을 만한 지역적 기반이 없기도 했다. 그리고 주저는 목종 때 고려에 왔다가 그의 재능을 알게 된 채충순이 직접 발탁한 이였기에 이때뿐만 아니라 이후에도 채충순을 따르는 일이 많았다.

어쨌든 밤이 되자 또 다시 적들이 공격해왔고, 시종하는 신하와 환관, 궁녀들이 모두 도망쳐서 숨고, 현덕왕후, 대명왕후와 시녀 두 사람 그리고 승지(承旨) 양협·충필(忠弼) 등만이 현종의 곁을 지켰다. 지채문이 주변을 돌며 그때그때 적절히 대응하며 공격을 잘 막아내었다. 하지만 현종의 곁에 남는 이들은 점차 줄어들어갔다.

여기서의 적들은 정확히는 누군지 알 수 없지만 아마도 적성현의 견영 집단이거나 창화현 향리의 세력 둘 중 하나 혹은 둘의 연합이 아니었을까 추정해볼 수 있다. 혹은 당시에도 마구잡이로 공격해오는 무리들이 정확히 누구인지 파악하지 못하여서 단순히 '적'이라고 기록을 남겼을 수도 있고, 사실 정체를 알긴 알았지만 현종 즉위와 목종 시해와 관련된 자신들의 약점이 노출되는 것을 꺼려 두리뭉실

한 표현으로 대충 넘긴 것일 수도 있겠다. 아마도 후자일 것 같기도 한데, 왜냐하면 목종 시해의 주체를 지금껏 강조에게 뒤집어씌운 것에 비추어보면 이들 '적'이라 불린 집단이 강조가 아닌 현종에게 이렇게 강한 적의를 드러낸 것 자체가 정황상 맞지 않기 때문이다.

다음 날 새벽이 되자 지채문이 두 왕후를 먼저 북문으로 탈출시키고, 자신은 직접 현종의 말을 이끌고 사잇길로 빠져 도봉산에 있는 도봉사(道峯寺)로 들어가니 다행히 적들이 이를 알아채지 못했다. 이어 채충순이 뒤따라왔다. 지채문이 제안을 한 가지 하였다.

"지난밤의 적들은 하공진의 무리가 아닌 듯하니, 제가 가서 한번 탐지해보겠습니다."

현종은 그마저 도망치는 것이 아닐까 걱정해서 허락하지 않으려 했는데, 지채문은 이처럼 안심을 시켰다.

"제가 만약 주상을 배반하여 행동과 말이 어긋난다면 하늘이 반드시 저를 벌할 것입니다."

맹세까지 하니 현종도 어쩔 수 없이 승낙하였다. 지채문은 그 길로 창화현으로 돌아가다가 길에서 앞서 도망쳤던 낭장 국근을 만났는데, 그가 한탄하며 말하였다.

"내 의복과 행장을 모두 적에게 강탈당했습니다."

하지만 지채문은 그를 비꼴 뿐이었다.

"당신이 신하가 되어 충성하지 못했으니 목숨을 붙이고 산 것만 해도 다행인 줄 아시오."

때마침 하공진과 유종이 현종이 있는 곳을 찾아 서둘러 오고 있었는데, 지채문이 길에서 우연히 그들을 만나 그 동안 여러 곳에서 적들의 공격을 받았던 사실을 자세히 말하고 그들에게 따져 물었지만 듣고 보니 역시 하공진이 한 일이 아니었다. 그리고 이들은 도중에 중군(中軍) 소속의 판관이었던 고영기가 패전하여 남쪽으로 달아나는 것을 발견하고 함께 온 것이었다.

하공진과 유종이 거느린 군사가 20여 명 정도 되므로, 지채문이 그들과 함께 창화현의 적들을 제압하고 그곳을 수색하여 빼앗겼던 말 15필과 안장 10개를 되찾았다. 이제 현종에게 돌아가려 하는데, 지채문이 하공진에게 제안을 한 가지 하였다.

"제가 여러분과 함께 나타나면 국왕께서 분명 놀라실 테니 여러분은 조금 뒤에 오셨으면 합니다."

그리고 혼자 먼저 출발하였다. 승지 충필이 도봉사의 문 앞에서 지키고 있다가 지채문이 돌아오는 것을 발견하여 현종에게 알렸다.

"지 장군이 돌아왔습니다!"

현종이 기뻐하며 문밖으로 뛰쳐나와 지채문을 맞이하였다. 지채문이 저간의 상황을 보고하였다.

"저희들이 적들에게 빼앗긴 물건들을 되찾아 왔는데, 역시 하공진이 벌인 일이 아니었습니다. 다행히 오는 길에 하공진과 만나 함께 왔습니다."

이에 크게 한숨을 돌린 현종은 하공진과 유종까지 만나 그들을 위로하였다. 아마도 가장 안심을 한 이는 다름 아닌 현종이었을 것이다.

혼란과 위기로 얼룩진 1010년의 마지막 날인 12월 30일이 되었다. 현종 일행은 양주(楊州, 오늘날 서울)에 도착하였다. 잠시 쉬는 동안 하공진이 현종에게 아이디어를 내었다.

"거란이 당초 역적 강조를 정벌한다는 것을 명분으로 삼아 출병했던 것인데, 이제 이미 강조를 잡아갔으니 만약 이때에 사신을 보내 강화를 제의한다면 그들은 틀림없이 군사를 돌이킬 것입니다."

지푸라기라도 잡아야 하는 처지였던 현종은 이에 동의하고 상서 낭중(尙書郞中) 하공진과 호부 원외랑(戶部員外郞) 고영기에게 화친을 요청하는 편지를 주고 거란 군의 진영으로 가도록 하였다.

이 둘은 창화현에 이르러 편지를 함께 간 낭장(郞將) 장민(張旻)과 별장(別將) 정열(丁悅)에게 주어 먼저 거란 군에 가서 전달하게 하였는데, 이는 자신들이 거란 군을 만나기 전에 피난중인 현종에게 조금이라도 시간을 벌어주기 위한 작은 계책이었던 것으로 보인다.

"원래는 국왕께서 직접 와서 뵙고자 하였습니다만, 귀군의 위엄이 두렵고 또 내란(內難)이 발생하여 임진강 남쪽으로 피난하였기 때문에 신하 하공진 등을 보내 사유를 말씀드리게 되었습니다. 하지만 하공진 역시 거란 군이 두려워서 감히 여기까지 오지 못하고 있으니 우선 군사를 거두어주시기를 청합니다."

그런데 장민과 정열이 미처 돌아오기도 전에 거란 군의 선봉이 벌써 창화현에 나타났다. 역시 유목민 특유의 신속한 기동력이 돋보였다. 계획대로 하공진과 고영기가 거란 군을 만나 다시 한번 위와 같은 내용으로 자세히 설명하였다. 다 듣고 난 거란 군사가 핵심적인 질문을 던졌다.

"그래서 국왕은 지금 어디에 있는가?"

"지금 남쪽을 향하여 가셨으니 계신 곳을 알 수는 없습니다."

"거기까지 거리가 얼마나 먼가?"

"남쪽은 대단히 먼 곳이어서 몇 만 리나 되는지 잘 모르겠습니다."

하공진은 이와 같이 재치 있게 모든 질문에 답하였고, 거란 군도 더 뒤쫓아가봤자 소용이 없으리라 판단하고는 당장의 추격은 여기서 멈췄다. 사실 지척의 거리에 있던 현종 일행은 이로써 국왕이 적군에게 사로잡히는 초유의 사태는 면할 수 있었다. 자칫 고려가 명목상 거란 군에 넘어갈 뻔한 아찔한 순간이었는데, 하공진의 임기응변이 국왕 현종뿐만 아니라 고려 사회를 구한 것이었다. 다만 이들은 대신 거란 군에게 사실상 인질로 억류된 상태로 남게 되었다.

8장
고려의 반격

1011년 1월 1일, 성종이 개경에 입성하였고 거
란 군에 의해 종묘와 궁궐, 민가가 모두 불타버렸다. 개경이 고려의
수도가 된 이래 처음 맞는 치욕적인 순간이었다.

이때의 상황을 요나라의 역사서인 『요사』에서 찾아 읽어보자.

"소배압(排押), 야율분노(耶律盆奴) 등을 보내어 개경을 공격하도록
하였는데, 개경 서쪽에서 적을 만나 패퇴시켰다. 왕순(현종)이 성을
버리고 달아나자, 마침내 개경을 불태워버리고 청강(清江, 청천강)에 왔
다가 군대를 되돌렸다."

1월 3일, 하공진과 고영기가 거란 군의 진영에 이르러 군사를 돌이
킬 것을 청하니 성종이 받아들였지만 대신 하공진과 고영기를 거란
군에 함께 붙잡아두었다. 그런데 불과 일주일 정도밖에 지나지 않
은 1월 11일, 전격적으로 거란 군이 퇴각하기 시작했다. 왜 이들은
지금까지 잘 해오고도 이 순간 퇴각을 결심하게 되었을까? 이유는
한 마디로 국경지대에 남아 있던 고려군의 필사적인 항전 때문이었

다. 즉 고려군이 이들의 퇴로를 끊임없이 흔들어댔던 까닭에 조금이라도 안전할 때 퇴로를 통해 무사히 귀국하기 위함이었던 것이다.

역사상에는 일부만 기록이 남아 있지만, 거란 군이 점령한 지역은 곽주, 안북부, 숙주, 그리고 수도 개경 정도였고, 고려군이 끝까지 사수한 곳은 흥화진, 귀주, 통주, 서경 등 전략적 요충지들이었다. 요나라가 흥화진 인근에 남긴 20만 군사로도 거란 군의 퇴로를 확보하는 게 현실적으로 어려웠던 것이 거란 군 수뇌부를 내심 불안에 떨게 만든 요인이었다. 조속한 퇴각은 실질적으로는 그들 나름대로 살아남기 위해서였다.

그런 와중에 고려는 하공진을 통해 이들에게 명예롭게 퇴각을 할 수 있는 명분을 준 셈이었다. 거란은 현종에게 거란 조정에 직접 출석할 것을 명하였고, 확답은 아니었지만 묵시적으로 그에 대한 동의가 구두 상 이루어졌기에 거란 군이 승전을 한 것처럼 인식할 여지가 생긴 것이다. 황제가 친정(親征)을 하였으면 그에 합당한 공적이 반드시 있어야 했다. 예나 지금이나 군주는 오류나 실패가 있어서는 안 되는 완벽한 존재여야만 했다. 황제인 성종이 직접 전쟁을 진두지휘한 것이니 이 고려와의 전쟁은 요나라가 승리한 것으로 기필코 만들어야 했고, 이에 대해서는 고려가 스스로 패전을 시인하였으니 거란 군의 이번 퇴각은 패퇴가 아니라 전승 후의 명예로운 귀국으로 공식적으로 표현할 수 있게 된 셈이다. 물론 실체적 진실과 표면적 사실은 언제나 다를 수 있는 법이다.

<강동 6주 - 위키피디아>

그러면 이들의 귀로는 어떠했는지 날짜별로 살펴보자.

1월 17일, 귀주 별장(龜州別將) 김숙흥(金叔興)이 중랑장 보량(保良)과 함께 거란 군을 공격하여 10,000여 명을 사살하는 대승을 거두었다.

1월 18일에는 양규(楊規)가 거란 군을 무로대(無老代)에서 요격하여 2,000여 명을 사살하고, 포로로 잡혀 있던 백성 3,000여 명을 구출했다.

1월 19일에 양규가 또 이수(梨樹)에서 싸워 석령(石嶺)까지 추격하여 2,500여 명을 사살하고 역시 포로로 잡혀 있던 백성 1,000여 명을 되찾았다.

1월 22일 양규가 또 여리참(餘里站)에서 거란 군과 교전을 벌여 1,000여 명을 죽이고 포로 1,000여 명을 풀어주었다. 이날만 신들린 듯이 세 번을 싸워서 세 번 모두 승리하는 기염을 토했다.

1월 28일, 이날 양규와 김숙흥 등이 거란 군과의 격전 끝에 죽었다. 처음에는 양규가 다시 거란 군의 선봉을 애전(艾轉, 맹산)에서 맞받아서 1,000여 명을 사살하는 데 성공했으나, 잠시 후 성종의 대군이 불시에 들이닥치자 양규와 김숙흥이 종일토록 힘껏 싸웠지만 군사가 모두 죽고 화살도 다하여 결국 둘 다 거란 군의 진중에 뛰어들어 죽은 것이었다.

이처럼 양규는 지원도 받을 수 없는 상태에서 외로이 병사들을 거느리고 한 달 동안 모두 일곱 번의 격전을 벌이며 거란 군을 수없이 쓰러뜨리고 고려인 포로 3만 여 명을 되찾을 수 있었으며, 낙타, 말, 무기를 이루 헤아릴 수 없이 많이 뺏는 데 성공하였다. 거란 군은 이처럼 이들 외에도 여러 고려 부대들에게 습격을 받아 번번이 격파당했고, 또 큰 비로 인하여 말과 낙타가 지쳤고 무기 역시 많이 잃어버렸다.

1월 29일, 성종이 군대를 이끌고 압록강을 건너 퇴각하였다. 양규의 사망 이후에는 흥화진 방어지휘관인 진사(鎭使) 정성(鄭成)이 고려군을 이끌었던 모양인데, 퇴각하는 거란 군을 추격해 와서 기다리고 있다가 반쯤 건너갔을 무렵 후방에서 나타나 갑자기 공격하였다. 이에 거란 병사들이 당황하여 물에 빠져 죽은 이가 매우 많았다. 이로써 항복했던 여러 성들이 고려군에 의해 모두 수복되었다.

< 압록강변계도(18세기) - 국립중앙박물관 >

공식적으로는 제2차 거란-고려 전쟁은 이날 종료되었다. 이때의 상황을 요나라의 역사서인 『요사』에서 찾아서 읽어보자.

"(1011년 정월) 군사를 철수시키니 항복하였던 모든 성들이 다시 배반하였다. 군사가 귀주(貴州) 남령곡(南嶺谷)에 이르니 큰 비가 연일 내려서 날이 개어서야 강을 건너는데, 말이나 낙타들이 지쳐 갑옷과 무기들을 많이 버렸다."

패전의 경우 굳이 길게 쓸 이유가 없어서 이처럼 짧게 기술되어 있지만 퇴각하는 거란 군의 온갖 고생이 함축되어 있다. 그렇다면 이처럼 고려의 국경 방어군이 자신들의 목숨을 내놓고 결사항전을 벌여 거란 군이 어쩔 수 없이 퇴각할 수밖에 없도록 만들고 있었던 그때 이 나라의 국왕 현종은 무엇을 하고 있었을까?

1011년 1월 1일. 개경이 함락된 이날 동시간대에 현종은 광주(廣州)에 머무르고 있었는데, 두 왕후의 위치를 알 수 없어서 지채문에게 가서 찾아오도록 하였다. 지채문은 요탄역(饒呑驛)에 이르러서야 발견하였고 겨우 수행하여 돌아오니 현종이 기뻐서 왕후들을 위해 이곳 광주에서 3일 동안 머물렀다.

1월 3일, 하공진과 고영기가 거란 군에 붙잡혀 있다는 소식이 현종 일행에게 전해졌다. 이 소식을 들은 여타 신하들은 모두 놀라서 겁을 집어먹고는 도망치기 급급했는데, 오직 시랑 충숙, 장연우, 채충순, 주저, 유종, 김응인만은 현종의 곁을 떠나지 않았다.

충숙(忠肅)은 아쉽게도 정확히 어떤 인물인지 알 수가 없다. 박충숙(朴忠淑)과 이름은 비슷하지만 박충숙이 중군병마사로 국경지역에 가 있었던 상황이어서 이곳까지 피신해왔을 가능성은 낮고, 더군다나 종3품 예빈경에서 갑자기 정4품 시랑으로 강등 당했다는 것 역시 당시 상황에서는 맞지 않기 때문에 서로 다른 인물로 보는 게 적합할 듯하다.

장연우(張延祐)는 행영도통사 강조 밑에서 이현운과 함께 최측근인 행영도통부사로 근무했던 것으로 보아 범강조파로 볼 수도 있고, 이후의 행적을 봐서는 외국 경험 때문인지 채충순 등과도 지속적으로 친밀한 관계를 유지하기에 범현종파로도 볼 수 있는 인물이다. 그는 고려군 본진이 격파당한 이후 이때 현종에게 돌아와 있었다. 그는 아버지가 중국에 살았던 적이 있어서 중국어를 잘 하여 광종 때부터 중용되기 시작한 인물로, 그는 행정사무를 잘 하고 재간과 수완이 좋다는 평을 받았었다. 이 전쟁이 끝난 다음 영달하여 중추사, 판어사대사, 호부상서 등을 역임하게 된다.

주저(周佇)는 앞서 언급한 바 있듯이 채충순과 가까운 인물이었다. 그는 원래 송나라 출신이라는 장점을 살려 외국 손님을 접대하는 예빈성에서 주로 일하였는데, 성품이 겸손하고 문필이 능하여 외교 문서의 초안이 그의 손에서 많이 작성되었고 나중에 현종의 현화사 비문을 작성할 때에도 참여하게 된다. 이때 현종의 수행을 끝까지 함으로써 크게 현달하여 후에 개국남 작위와 함께 예부상서까지 오르게 올랐다.

유종은 하공진과 함께 근무했던 무관 출신으로 친강조파로 분류되며, 김응인 역시 강조가 서북면 도순검사이던 시절에 그를 수행하여 쿠데타에 동참했던 인물이었다. 이렇게 보면 현종에게 충성을 다한 인물 중 절반 가까이는 친강조파였던 셈이다. 나중에 다시 보겠지만 강조의 사람들은 그 개인에 대한 맹목적인 충성이라기보다는 고려라는 국가에 대한 충성심으로 뭉친 이들이 많았다.

1월 4일, 현종이 광주를 출발하여 비뇌역(鼻腦驛)에 머물렀다. 지채문이 현종에게 제안하였다.

"따르던 장수와 군사가 모두 처자를 찾는다고 칭탁하고 사방으로 흩어졌는데 어두운 밤에 또 적들이 몰래 공격해올 수도 있으니 별도의 표식을 만들어 장수와 군사들 머리의 관(冠)에 꽂아서 서로 알아볼 수 있도록 하고자 합니다."

좋은 아이디어였으니 그의 말대로 하기로 하였다.

1월 5일, 유종이 아뢰기를

"양성(陽城, 경기 안성)은 제가 대대로 거주한 고을인데 이곳에서 거리가 멀지 않으니 양성으로 행차하심은 어떠시겠습니까?"

현종이 기뻐하며 이에 동의하였다. 양성현(陽城縣)에 도착한 이날 밤 유종과 김응인 등이 국왕의 명령이라고 하고는 말안장을 팔아치웠다. 왜 그랬는지는 미지수다. 왠지 또 조작의 냄새는 나지만 우선 이유를 알 수 없으니 넘어갈 수밖에 없겠다. 다음 날(1월 6일)이 되자 새벽에 마을 향리들이 모두 도망친 것을 발견했다. 유종과 김응인 등이 또 두 왕후를 각기 고향으로 돌아가게 하고는 따르는 장수와 병사들을 나누어 동쪽 변방으로 가서 위급한 상황에 대비하겠다고 제안하였다. 현종이 이에 대해 지채문에게 의견을 묻자 그는 이처럼 반대하였다.

"지금 국왕과 신하가 도리를 잃어 앙화를 당하여 이와 같이 파천(播遷)하고 있으니 마땅히 인의에 따라 행동하여 민심을 수습해야 할 터인데, 왕후를 버리고서 살기를 구하는 일을 어찌 차마 하겠습니까?"
"장군의 말이 옳소."

현종도 지채문의 말에 반박할 이유가 없었을 것이다. 그는 자신의 부족한 그릇만 내보이고 말았다. 일행이 사산현(蛇山縣, 지금의 직산)을 지나갈 때쯤 기러기 떼가 밭에 내려앉는 것이 보였다. 이를 무심코 본 지채문은 작은 아이디어가 하나 떠올랐다. 말을 달려 앞으로 나아가자 기러기들이 놀라 날아올랐고, 지채문이 몸을 돌려 활을 쏘자 기러기가 화살을 맞고 떨어졌다. 현종이 이를 보고 즐거워하자 지채문이 말에서 내려 기러기를 주워서 현종에게 가져왔다.

"신하 중에 저 같은 사람도 있으니 어찌 도적을 근심하겠습니까?"

현종이 모처럼 한바탕 크게 웃었다. 무장 지채문이 현종에게 예쁨을 받을 수밖에 없었음을 잘 보여주는 일화이다. 천안부(天安府, 충남 천안)에 이르니 유종과 김응인이 다음과 같이 말하고는 자리를 떠났다.

"저희들이 먼저 석파역(石坡驛)에 가서 음식을 준비하여 영접하겠습니다."

이들은 결국 도망쳐버렸다. 김응인은 이후의 기록이 없지만, 유종의 경우 현종 치세에서 정4품 병부시랑까지 오르게 되는데, 이렇게 노골적으로 배신을 했다는 사람을 현종이 과연 중용하였을지 의문이다. 여기서 주목되는 점은 유종과 김응인 두 사람 모두 친강조파였다는 사실이다. 이는 곧 이후 역사를 정리하는 과정에서 이들 역시 기록상으로 불이익을 받았을 수도 있다는 추정을 하게 만든다. 현종의 피난을 도왔다 하더라도 친강조파였다는 사실만큼은 용서가 어려웠던 것일까.

비슷한 사례로 아래에서 보게 될 박섬이 있는데, 현종을 따라가다가 중간에 사라졌지만 거란 군이 퇴각했다는 소식을 듣고 다시 현종 곁으로 돌아와 마저 수행을 하였다는 사실 하나만으로 도망친 죄보다 수행한 공을 더 쳐줘서 진급까지 시켜주는 기이한 인사였다. 유종과 김응인이 잘 따라오다가 설사 중간에 자리를 비웠다 하더라도 자신의 공무까지 버리고 가족의 안전만을 위해 도망친 박섬보다 못했을까 싶지만, 이후 이때의 역사를 정리하는 이들의 입장에서는 현종의 관점에서 모든 것을 재단하게 된다. 그래서 똑같은 사안일 경우라도 자신의 경쟁자였던 강조를 따랐던 이라면 이처럼 평가절하 하는 것이 당연했던 것일 수가 있다.

1월 7일, 현종 일행이 공주(公州)에 도착하니 공주절도사 김은부(金殷傅)가 예를 갖추어 교외에 나와 영접하였다. 그는 수주(水州, 수원) 안산현(安山縣, 안산시) 출신으로, 성종 때 경력을 시작하여 목종을 거쳐 지금은 현종에 의해 발탁되어 공주절도사로 근무하고 있던 중이었다.

"성상께서 산과 물을 지나고 서리와 눈을 무릅쓰며 이렇게 지극한 상황에 이르실 줄 어찌 생각이나 하였겠습니까."

곧 의복과 선물을 바치니 곤란한 처지에 있던 현종 입장에서는 매우 고마워할 수밖에 없었다. 새 옷으로 갈아입고 선물은 따라온 신하들에게 나누어주었다. 그리고는 다시 이동하다가 날이 저물 무렵 파산역(巴山驛)에 이르니 향리들이 모두 도망하여 민망하게도 식사도 못할 뻔했는데, 때마침 김은부가 보내온 음식이 도착하여 다행히 끼니를 때울 수가 있었다. 현종은 그런 김은부를 기억해두었다. 현종이 다시 지채문과 의논하였다.

"현덕왕후는 임신을 해서 부득이 멀리까지 갈 수가 없을 것이오. 그녀의 본관이 선주(善州, 경북 선산군)인데 이곳에서 멀지 않으니 그리로 보내는 게 어떻겠소?"

지채문은 여전히 자신의 주장을 굽히지 않았지만, 현종이 이번에는 고집을 부렸다.

"상황 때문에 어쩔 수가 없소."

기어코 현덕왕후를 떠나보냈다. 이때의 자신을 버렸다는 것에 대한 충격 탓인지 아니면 이후에 어떤 다른 불미스러운 사건이 발생해서 그런 것인지, 어쨌든 그녀는 아이를 정상적으로 낳지 못하였던 듯싶다. 그녀의 출산 기록은 역사에 남아 있지 않다.

여양현(礪陽縣, 전북 익산군 여산면)에 머물 때에는 장수와 군사들의 분위기가 심상치 않음을 느낀 지채문이 현종에게 한 가지 긴히 제안을 하였다. 이들 역시 임신한 왕후조차 버리는 자신들의 국왕을 지켜보면서 조금씩 그 신뢰에 금이 가기 시작했던 것은 아닐까.

"태조께서 후삼국을 통일하였을 때 공이 있는 자는 비록 공이 작더라도 반드시 상을 주셨는데, 하물며 지금은 험난한 지경을 겪고 있으니 여러 사람들의 마음을 얻어야 합니다. 마땅히 먼저 상을 내

러주심이 좋을 듯합니다."

　눈치가 없지 않았던 현종도 말길을 알아듣고는 현안지(玄安之) 등 16명을 중윤(中尹)에 임명하였다. 사실 중윤이란 자리는 지방의 말단 관직에 불과한 것이어서 무슨 소용이 있나 싶지만, 어찌어찌 미봉책으로 넘어는 갈 수 있었던 듯싶다. 현종의 이상하리만큼 고집스러운 구두쇠 행동은 이후에도 계속된다.

　1월 8일, 삼례역(參禮驛, 전북 전주군 삼례면)에 이르니 전주절도사 조용겸(趙容謙)이 평복 차림으로 현종의 행렬을 맞이했다. 이때 마침 현종 일행에 합류해 있던 박섬(朴暹)이 귓속말을 했다.

　"전주는 곧 후백제로서 태조께서도 싫어하셨으니 주상께서는 행차하지 마시기 바랍니다."

　현종도 이 의견을 받아들여 바로 장곡역(長谷驛)으로 가서 하루 묵었다. 이날 저녁에 조용겸이 어떤 목적에서인지 전운사(轉運使, 지방의 조세를 개경으로 운송하기 위한 중앙에서 파견한 관리) 이재(李載), 순검사(巡檢使, 중앙에서 필요시 지방 관리로 파견하는 외관직) 최즙(崔檝), 전중소감(殿中少監, 왕실 물품을 진상·관리하는 직책, 종4품) 유승건(柳僧虔)과 함께 흰 표식을 모자에 꽂고 북을 치며 소리 지르면서 나타났다.

　지채문이 사람을 시켜 문을 걸어 잠그고 굳게 지키니 적이 감히 쳐들어오지 못하였다. 현종은 이때 대명왕후와 함께 말을 타고 장곡역의 관청에 있었다. 지채문이 지붕에 올라가서 물었다.

"너희들이 어떻게 이와 같은 짓을 할 수 있느냐, 유승건이 온 것이냐?"

적들이 그렇다고 하자 지채문은 다시 물었다.

"너는 누구냐?"
"그러는 너는 누구냐?"

질문을 주고받자 상대방이 알아챘다.

"지 장군이었군."

지채문도 상대방의 목소리로 누군지 짐작해내었다.

"그쪽은 친종(親從) 마한조(馬韓兆)로구나."

친종은 아마도 친종장군을 약칭한 것일 텐데, 이는 중앙군 소속 장군으로 정4품에 해당했다. 앞서의 인물들처럼 마한조 역시 무슨

일 때문인지 중앙에서 여기까지 내려와 있던 인물이었다. 같은 군인 출신이어서 지채문과 마한조는 서로를 알아보았다. 고려사회에서 장군이라고 해봤자 정원이 몇 십 명 되지 않았고, 중랑장 역시 겨우 100여 명에 불과했기 때문에 서로가 다 알고 지내는 사이라고 보는 게 적합할 것이다.

그런데 지채문은 엄밀히 말해 장군이 아니라 중랑장이었지만 상대방이 그를 장군이라 부른 것은 무언가 암시하는 바가 있지 않을까 싶다. 이 직전까지 지채문은 서경 일대에서 탁사정의 선봉이 되어서 직접 군사를 이끌고 전투를 벌였던 사실상의 장군 역할을 수행하였기 때문에, 마한조가 이 사실을 어떻게든 알고 있었다면 자연스럽게 그를 장군이라 불렀을 수 있다. 즉 친종 마한조는 동시간대에 서경에 있었거나 혹은 최소한 개경에서 전투 상황을 접하고 있다가 최근에 이곳까지 내려왔다는 것을 의미한다.

그럼 조용겸 등 다른 인물들도 살펴보자. 우선 조용겸의 경우 똑같은 절도사라고 하지만 공주절도사 김은부와 행동이 상반되었던 것으로 보아 김은부가 현종에 의해 임명되었던 것에 비해 그는 혹목종 대에 임명되어 유임하고 있던 것은 아니었을까 짐작해볼 수 있다.

다른 이들의 면면도 살펴보자면, 절도사가 중앙에서 파견한 직책이었던 것처럼 전운사나 순검사도 마찬가지로 원래 개경에서 지방으로 파견되는 자리였다. 하지만 전중소감은 중앙관직이어서 딱히 이곳까지 내려와서 근무하고 있을 이유는 없다. 그렇다면 이들은 의도적으로 이곳에 모였다기보다는 현종 일행처럼 피난의 과정에서 이합집산으로 모여 있던 것으로 보는 게 좀 더 합리적일 것 같다.

국왕을 끼고 위세를 부려보고자 하는 생각에서 이런 일을 벌인 것이라는 당대의 평가도 있긴 하지만 이는 별로 믿을 만한 게 못된다. 수도 개경에서 모종의 일로 현종에게 평소 불만을 품고 있던 중 이곳 전주에 모여 있다가 마침 현종 일행을 마주치게 되자 이런 행동을 벌였다는 것은 그 가능성이 너무 낮다.

오히려 유승건이나 마한조처럼 지금 같이는 있어도 합류한 시점에 차이가 있다는 점을 보면, 어떤 구체적인 목적성을 가지고 의도적으로 함께 행동하는 사이는 아니었던 게 분명하다. 서로 이질적인 이들이 공통적으로 현종에게 불만을 가질 만한 사안은 일국의 국왕이 수도를 내팽개쳐버리고 일신의 안전을 위해 뒤도 안돌아보고 도망치고 있다는 그 사실 아니었을까?

잘 생각해보면 피난을 결정한 이후로 현종이 국방에 대해 판단하고 의사결정 하는 모습을 보인 적이 한 번도 없었다. 지금까지 그는 어떻게 하면 자신이 살아남을 지만 근심해왔고, 심지어 아내를 버려가면서까지 자신의 안전만을 찾았다. 더군다나 그가 내팽개친 아내는 임신한 상태였는데 뱃속의 아이가 어떻게 되었는지는 이후에 아예 기록조차 없다. 이런 저간의 사정을 조금이라도 알고 있던 사람들이라면 과연 그가 자신들의 국왕이 맞는지 본질적인 의구심을 가지지 않았을 리 없고, 조금만 더 생각이 나아간다면 국왕으로서의 자질이나 혹은 심지어 정당성에 대한 문제제기까지 가능했을 것이다. 위급할 때 자신들을 버린 리더는 더 이상 리더가 아니었다. 버림받은 이들에게 그 리더는 배신자에 불과했다.

지채문이 국왕의 명령으로 유승건을 부르자 그가 답하기를

"그쪽이 먼저 나오기 전에는 내가 감히 들어갈 수 없겠소."

그러면서 버텼다. 지채문이 부득이 문밖으로 나와 유승건을 불러 현종에게 데리고 갔다. 국왕 앞에서는 유승건이 의외로 고분고분 대구하였다.

"오늘날의 일은 조용겸이 한 짓이므로 저는 알지 못합니다. 명령만 내려주신다면 가서 조용겸을 불러오겠습니다."

현종이 그리 하라고 보내주었지만, 유승건은 그 길로 그냥 도망쳐 버렸다. 현종이 다시 시신(侍臣) 양협(良叶)에게 명하여 조용겸과 이재를 불러오게 하였다. 얼마 후 그 둘이 제 발로 오자 여러 장수들이 죽이자고 하였는데, 지채문이 뜯어말리고는 이 두 사람에게 대명왕후의 말을 끌게 하는 것으로 벌을 대체하였다. 아마도 자칫 가혹한 방식으로 처벌을 하였다가는 소문이 나서 오히려 이후 이동 중에

다른 지역에서 역효과로 반발이 있을까 우려하여 그러했던 것 같은데, 그마저도 얼마 안가 그들을 그냥 전주로 돌려보내는 것으로 끝냈다. 그만큼 현종 일행의 처지는 궁박했다. 이들은 계속해서 남쪽으로 이동했다.

이처럼 조용겸과 저 일파는 전쟁의 혼란 와중에 우연찮게 이합집산으로 모였던 상황이었고 단순히 불만으로 집단행동을 보였던 것에 불과했다. 절도사는 휘하에 지방군의 군사력을 보유하고 있었을텐데도 적극적으로 동원하지 않은 것만 보더라도 감정적 불만 차원에서의 단순한 시위에 가까웠지 본격적인 쿠데타 시도는 아니었던게 분명하다. 더욱이 유승건이 자신은 조용겸 일파가 아니라며 남 탓을 하고 있고, 친종 마한조 역시 군인인데도 별다른 무력행사는하지 않는 것을 보더라도 이들은 확실히 어중이떠중이처럼 모인 집단에 지나지 않았다. 다만 전쟁 와중이어서 잠시 이성을 잃고 자신들의 감정 조절을 제대로 하지 못한 대가는 반드시 치러야 했다. 현종과 같은 군주는 이런 하극상은 결코 잊어버리지 않기 때문이다.

1월 12일, 이날은 거란 군이 퇴각을 개시한 바로 다음 날인데 아직 그 사실을 알 수 없었던 현종 일행은 이날 인의역(仁義驛, 전북 태인)을 지나 수다역(水多驛)에서 하루 묵고는 다음날(13일) 노령(蘆嶺, 지금의 장성부 북쪽 30리 지점)을 넘어 드디어 목적지였던 나주에 도착하였다. 보름 만에 이만큼 온 것이니 다들 마음속으로 한시름 덜 수 있었을 것이다.

1월 16일 밤, 주변을 살펴보라고 보낸 이가 거란 군이 오고 있다고 보고하자 현종이 깜짝 놀라서 밖으로 얼른 달려 나갔다. 지채문이 당황한 현종을 붙잡고 차분히 설득하였다.

"국왕께서 밤에 뛰쳐나가시면 백성들도 놀라서 혼란에 빠질 것이오니 우선은 행궁(行宮)으로 돌아가시지요. 제가 좀 더 알아본 후에 행차하셔도 늦지 않습니다."

또 한 번 현종만 모양새가 빠졌다. 현종에 비하면 지채문은 육체적 나이 때문만이 아니더라도 대처하는 자세나 차분한 행동거지가 훨씬 어른스러웠다. 지채문이 나가서 살펴보니 통사사인(通事舍人) 송균언(宋均彦)과 별장(別將) 정열(丁悅)이 거란 군의 선봉이자 부마(駙馬, 황제의 사위)인 원수(元帥) 소배압의 편지와 함께 하공진의 보고서를 가지고 왔다. 송균언은 누군지 모르겠지만, 별장 정열은 앞서 하공진과 함께 거란 군 진영으로 찾아갔던 인물이다. 지채문이 이들을 행궁에 데리고 오니, 현종이 하공진의 보고서를 읽고 나서 거란 군이 이미 물러간 것을 알고는 기뻐하며 송균언을 도병마녹사로, 정열을 친종낭장(親從郎將)으로 임명하였다. 요나라 부마의 편지는 거란 문자로 쓰여 있어서 아무도 읽을 수 있는 사람이 없었다. 드디어 거란 군이 물러가는 마당에 그깟 편지 하나 못 읽는 게 이들에게 무슨 대수였겠는가.

< 거란 글씨가 새겨진 거울 - 국립중앙박물관 >

1월 21일, 며칠간 나주에서 푹 쉰 현종은 드디어 그곳을 떠나 귀경길에 올랐다. 이날 복룡현(伏龍縣)의 복룡역(伏龍驛)에서 묵었다. 24일은 고부군(古阜郡)에서, 25일은 금구현(今溝縣)에서 묵었다.

그리고 1월 26일, 전주에 도착하여 여기에서 7일간 머물렀다. 이곳에서 처음으로 그는 개경으로 돌아간 다음 국정을 어떻게 이끌지를 구상할 여유를 가졌다.

1월 29일, 당장 급한 일이 아니었음에도 현종은 중대성(中臺省)을 폐지하고 다시 중추원으로 환원시킨다는 정부구조의 변경에 대한 결정을 내렸다. 한 눈에 봐도 이는 강조의 색채를 지우는 작업이었다. 중대성은 강조 집권 후 첫 작품이었기 때문이다. 현종은 조정 내의 강조의 영향력을 벗겨내기로 이때 작심했던 것 같다.

그리고 채충순을 비서감(秘書監)으로, 박섬을 사재경(司宰卿)으로,

주저를 예부시랑 중추원 직학사(中樞直學士)로, 한창필을 합문 통사 사인(정7품)으로 각각 임명하였다. 한창필은 누구인지 알 수 없지만 나머지 인물들은 현종의 나주 피난 시 자신을 수행했던 이들이었다. 그런데 다른 이들은 그렇다 해도 박섬은 안북도호부사임에도 자신의 관할지역인 안북부를 포기한 죄가 있는데 의외의 인사발령이었다. 그는 개경으로 도망쳐서 자기 가족을 이끌고 고향인 무안현(務安縣)으로 가던 도중에 현종을 만나 나주까지 따라오다가 얼마 후에 다시 현종과 헤어져 고향으로 갔다. 그 후 거란 군이 물러갔다는 소식을 듣고는 다시 전주로 달려와서 현종을 알현하고는 직접 말고삐를 잡고 따랐다고 하여 이때에 사재경에 임명된 것이었다. 나만 이상하게 생각했던 것은 아닌 모양이다. 당시 여론 역시 비난이 많았다고 하니 말이다.

그런데 잘 생각해보면 기회주의자 박섬이 문제가 아니라 현종이 보다 근본적인 문제였다. 과거 행적이 어떠했건 어쨌든 자신을 따르는 이는 크게 중용하는 스타일의 리더였기 때문이다. 그런 리더는 위험하다. 가장 중요한 가치가 나의 권력 유지이고 나에게 얼마나 충성하는지만 따진다면 그 신하들은 말할 것도 없이 그런 군주의 의향에 맞추는 데에만 온통 관심을 기울이게 된다. 틀린 건 틀렸다고 하고 다른 건 다르다고 지적할 수 있어야 하는데 언로가 막히게 되는 효과를 가져오는 이러한 처사는 분명 현종에게 크게 마이너스가 될 자질이었다.

2월 3일, 현종이 전주를 출발하여 내려올 때 들렀었던 여양현(礪陽縣, 충남 여산)에서 다시 묵었다.

2월 4일, 공주(公州)에 도착하여 6일 동안 머물렀다. 아마도 공주절도사 김은부에 대한 고마움이 다시 떠올랐을지도 모르겠다. 이때에 김은부가 첫째 딸을 시켜 현종의 옷을 지어 바치게 하였는데, 표현은 그렇게 되어 있지만 잠자리 시중까지 들게 하였던 것으로 보인다. 현종은 그녀를 왕후로 맞아들이는데, 그녀가 곧 나중에 제9대 덕종과 제10대 정종을 낳게 되는 원성왕후(元成王后)이다. 김은부는 이후에 둘째 딸과 셋째 딸까지도 현종의 왕후로 바쳤다. 이는 그의 탁월한 판단이자 최고의 투자였다. 현종은 자신의 은인이기도 한 장인에게 그가 해줄 수 있는 모든 방식으로 은혜를 갚았기 때문이다.

그리고 이때쯤 고려 국경에서 벌어진 퇴각중인 거란 군과의 마지막 전투들에 대한 소식들이 전해졌다. 그래서 전투에서 사망한 양규에게는 공부상서(工部尙書)를, 김숙흥에게는 장군(將軍)을 내려 그들의 공로를 뒤늦게 기념하였다. 마치 선종과 이순신의 사례가 연상되는데, 죽은 이는 더 이상 군주에게 위협적인 존재가 되지 않으니 마음껏 공로를 인정해줘도 무방했다. 어차피 죽은 이에게 벼슬 내리는 것 정도야 돈이 드는 것도 아니었으니 말이다.

또한 중랑장 지채문에게는 다음의 교서와 함께 전지(田地) 30결(結)이 감사의 표시로 주어졌다.

"내가 적을 피하여 먼 길에 낭패를 당했는데 따라온 신하 중에 도망처 흩어지지 않은 사람이 없었으나 오직 지채문만이 풍상을 무릅쓰고 산천을 지나며 말고삐를 잡는 노고를 아끼지 않고 끝내 송죽 같은 절개를 보전하였소. 진실로 남다른 공이 많으니 어찌 특별한 은전을 아끼리오."

이때 주어진 전지 30결은 실제의 토지지급이 아니라 그 토지에서 조세를 수취하는 권리, 즉 수조권(收租權)을 주었다는 뜻이다. 즉 고려시대에는 정부가 조세를 수취하여 나누어주는 것이 아니라 토지에 대한 수조권 자체를 위임하는 방식이었다. 이때 수조권을 받은 이가 그 토지의 백성에 대한 일정한 지배권까지 함께 보유한다는 점이 고려시대 전시과의 특징이라고 할 수 있겠다.

그럼 대체 30결은 얼마나 되는 양일까? 1결은 총 둘레 33보(步)이고, 1보는 6척(尺)이며, 1척은 상 등급 토지일 경우 손가락 둘을 모아 여섯 번을 잰 것이었다고 한다. 그럼 1척을 대략 30cm로 가정해서 계산해본다면 1보는 180cm, 곧 1결의 총 둘레는 약 60m, 면적은 225㎡ 정도로 환산해볼 수 있겠다. 그럼 30결은 6,750㎡이었던 셈이다. 과거의 평 단위로 환산해보면 2천 평 정도 되는 토지였다.

1결당 수조액은 30두(斗), 1두는 약 18㎖이었으니 결국 30결의 총 수조액은 16ℓ이었다. 부피의 단위로는 체감이 잘 안되는데, 좀 더 이해하기 쉽게 계산을 해보도록 하겠다. 1결은 환산해보면 3석(石)의

쌀을 얻을 수 있는 단위이고, 30결은 그럼 총 90석의 수입이 된다. 벼 1석(石)은 200kg, 도정을 하면 쌀 144kg 가량 되는데, 지금의 쌀 가격 10kg을 평균 3만원으로 쳐서 금액으로 환산해보면 대략 4천만 원 가까운 금액이 된다.

이렇게 보면 꽤 나쁘지 않아 보이지만, 문제는 상대평가라는 점이다. 목종 때 개정된 총 18등급으로 이루어진 전시과의 기준표를 찾아보자.

〈전시과의 토지 지급 액수〉

(단위 : 결)

등급		1	2	3	4	5	6	7	8	9	10	11	12	13	14	15	16	17	18
개정전시과 (목종, 998)	전지	100	95	90	85	80	75	70	65	60	55	50	45	40	35	30	27	23	20
	시지	70	65	60	55	50	45	40	35	33	30	25	22	20	15	10			

18개 등급 중 15등급에 불과한 수준의 포상이라니, 이 등급의 수급자는 종8품에 해당되니 대우가 모자라도 한참 모자라 보인다. 자신의 목숨을 절체절명의 위기상황에서 몇 번이나 구해준 생명의 은인에게 수여한 포상 치고는 참 보잘것없어 보인다. 앞서 자신을 수행하는 병졸들에게 억지로 가장 낮은 등급의 관직을 내려준 것과 함께 이는 현종이 전형적인 구두쇠 스타일이었다는 점을 보여주는

사례이다.

"진실로 남다른 공이 많으니 어찌 특별한 은전을 아끼리오."라고 한 현종의 말이 참 민망해 보인다. 아쉽게도 지채문이 이를 기분 좋게 받아들였는지 여부는 알 수가 없다. 그나마 나중에라도 무관 출신으로 우복야(정2품)까지 올라 이때의 기분은 풀었을 것으로 짐작해볼 수밖에.

2월 6일, 김계부(金繼夫)를 병부시랑으로, 이단(李端)을 이부시랑으로 각각 임명하였다. 김계부는 앞서 강조의 본진이 격파되었을 때 거란 군의 맹추격을 완항령에서 막아낸 공로가 있었는데, 이때 그 공적을 인정받아 승진한 것이었다. 이단은 앞서의 이력은 알 수 없지만, 한참 시간이 흘러 거란 공격을 주장하는 일파로 등장하여 왕가도, 유소와 함께 북진파로 알려져 있다.

2월 13일, 왕이 청주(淸州)에서 묵을 때 마침 그곳에 와 있던 감찰어사(종6품) 안홍점(安鴻漸)이 제안을 한 가지 하였다.

"거란 군이 자단에 이르자 바람과 눈이 갑자기 일어나면서 감악의 신사에 깃발과 군마가 있는 듯하여 거란 군이 두려워서 감히 앞으로 나아가지 못했습니다. 신명이 돕는 것은 예나 지금이나 무엇이 다르겠습니까? 청컨대 맡은 관청에게 명해 보답하는 제사를 지내게 함이 좋겠습니다."

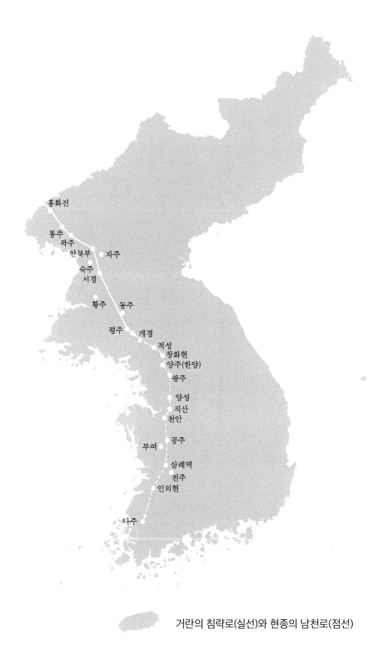

홍화진

통주
곽주
안북부   자주
숙주
서경

황주   동주

평주   개경

적성
창화현
양주(한양)

광주

양성
직산
천안

부여   공주

삼례역
전주
인의현

나주

거란의 침략로(실선)와 현종의 남천로(점선)

이 의견에 따라 2월 15일 임시 행궁(行宮)에서 연등회를 열었는데, 이때부터 2월 보름이 연등행사의 날로 정례화 되었다. 후에 안홍점은 감찰업무를 담당하는 사헌대 소속의 사헌잡단(종5품)까지 오르게 되는데 이때의 제안 덕분인지는 모르겠다.

다음 날(2월 16일) 현종 일행은 청주를 출발하였다. 이로부터 일주일이 걸려 드디어 2월 23일 개경에 도착하여 수창궁(壽昌宮)을 거처로 삼았다. 기존 궁궐들이 거란 군의 방화로 모조리 불타버려 가장 온전한 건물을 찾은 것이 수창궁이었던 것 같다. 참고로 수창궁은 황성 밖의 남쪽, 십자가에 가까운 곳에 있었다.

이로써 현종의 피난은 완전히 종료되었다. 거란 군이 압록강을 건너 퇴각한지 3주 남짓 경과된 시점이었다.

그의 왕권 확립에 대한 움직임은 크게 채찍과 당근 두 가지 방향으로 진행되었다. 먼저 채찍을 살펴보자.

2월 25일, 오늘날의 사법부에 해당되는 형부에서 현종에게 보고가 올라왔다. 현종의 복귀 불과 10일만의 일이었다.

"유언경은 대대로 나라의 은혜를 입었으면서도 이에 힘써 보답할 생각은 하지 않고 오히려 누구보다 먼저 적에게 투항하였으니 그의 처자들을 귀양 보내소서!"

유언경의 존재는 당시 기록에서 보이지 않기 때문에 어떤 일을 저

질렀는지는 오늘날 알 수는 없다. 이후에도 형부가 앞장서서 현종 피난시의 배역자들에 대한 숙청이 주도적으로 이루어졌다. 가을 7월 13일의 일이다.

"낭중 백행린(白行隣)은 국왕께서 남방으로 행차하실 무렵에 개경에 남아 있으면서 어사중승으로 자칭하고 이인례(李仁禮), 거정(巨貞) 등과 함께 저희들의 패거리와 노복을 초모하여 한 개 부대를 조직하였다가 적을 보고는 싸우지도 않고 무너졌으니 낭중 벼슬에서 그를 제명하여야 합니다."

문맥을 잘 살펴야 하는데, 싸우지 않고 무너진 것이 문제였을까 아니면 국왕의 명령 없이 임의로 사칭하여 저항군을 조직한 것이 문제였을까? 명목은 전자였지만 실질적으로 책임을 물은 부분은 후자였던 것으로 들린다. 국왕의 명령이 없는데도 마음대로 움직인 것이 처벌의 사유로 작용했을 것이다. 국란의 와중에 현종은 도망친 것 외에는 아무런 일도 한 것이 없다. 그런 군주의 아픈 부분을 건드리는 문제는 그만큼 치명적인 것이었다.

8월 2일에도 기다렸다는 듯이 그 동안 눈엣가시였던 이들을 내쳤다.

"조용겸, 유승건, 이재, 최줍, 최성의, 임탁 등은 국왕께서 남방으로 행차하실 무렵에 행궁을 놀라게 하였으니, 그들의 관직을 삭탈하고 귀양 보내기를 청합니다."

이 역시 형부의 입을 빌리긴 하였지만 사실 현종의 의사에 따른 탄핵이었을 것이다. 이는 현종의 피난 시 그에게 적대적인 행동을 보인 것에 대한 보복이었음이 분명하다. 한 번 군주의 눈 밖에 나면 그것으로 끝이었다. 다만 여기까지는 송사리들만 건드렸던 것이라면 이제 몸체를 공략할 때가 되었다. 현종도 드디어 준비가 되었다고 생각한 모양이었다.

8월 15일, 전격적으로 강조의 도당으로 불린 탁사정, 박승, 최창, 위종정, 강은 등을 섬으로 멀리 유배 보낼 것을 결정했다. 현종의 친강조파에 대한 본격적인 숙청의 시작이었다. 3월과 4월만 하더라도 탁사정을 연이어 승진시키는 등 한동안 기회만 엿보고 있다가 이제 권력을 본인이 완전히 장악했다는 확신이 들었던 모양이다. 탁사정에게 수여된 어사중승과 우간의대부는 모두 병권을 가지지 않는 내직이었기 때문에 순차적으로 힘을 빼게 한 다음 일괄적으로 공격에 착수한 것으로 보인다.

다만 친강조파였어도 이미 목숨을 잃은 이들의 공적은 건드리지 않았으며, 친현종파로 갈아탄 이들은 나름 용서를 해준 듯하다. 이는 잠시 후 살펴보자.

그리고 왕권 확립에 있어 필요하다면 채찍 외에 당근도 주어졌다.

여름 4월의 어느 날, 양규의 아내 홍 씨에게 곡식을 주고 아들 양대춘(楊帶春)을 교서랑에 임명하고, 현종이 직접 홍 씨에게 편지를 보내었다.

"남편께서는 재주는 장수의 지략을 갖추고 겸해 정치하는 도리를 알아 절의를 다하고 정성을 바쳤으니 충성스러운 지조는 비할 데 없소. 이전에 북쪽 변경에서 적들을 뒤쫓아 잡아 성과 진이 보전되고, 여러 번 싸움에 이겼으나 마침내는 죽음에 이르렀으니 항상 그 공로를 생각하여 부인에게 종신토록 해마다 벼 100섬을 내려주겠소."

그 외에도 전사한 중승 노정에게 예빈경을 추증하고, 마찬가지로 전사한 대장군 채온겸, 신령한, 낭장 원태, 별장 최원, 습유 승리인, 태사승 유인택 등의 가족에게 쌀과 포(布)를 내려주었다.
그리고 4개월 후에는 양규와 함께 전사한 김숙흥에 대해서도 후속조치를 하였다.

"김숙흥은 스스로 변성(邊城)을 지키면서 적군과 싸우는 데 용감하여 이미 파죽지세로 공을 이루었으나 마침내 진중에서 목숨을 바쳤다. 그 공로를 생각하면 후하게 상을 주는 것이 당연한 일이니, 그어머니 이 씨에게 한평생 해마다 곡식 50섬을 내리도록 하라."

죽은 이는 더 이상 군주에게 위협이 되지 않으니 후하게 성의를 표시해도 무방했으리라. 4월에는 전국에 산재한 전사자들의 해골을 거두어 매장하고 제사를 지내게 하였고, 7월에는 다음과 같은 교서를 내렸다.

"지난해 거란이 서경을 포위하였을 때 법언(法言)이라는 중이 정의를 위하여 용감성을 발휘하였으며 나라를 위하여 생명을 바쳤으니 그에게 수좌(首座)의 관직을 추증하도록 하라."

이들 외에 현종을 따른 살아남은 자들은 어떤 대우를 받았을까? 앞서 피난에서 돌아오는 길에 채충순, 박섬, 주저 세 명에 대한 인사 조치는 보았는데, 그 이후에도 그들은 고려 조정에서 승승장구했다. 뿐만 아니라 현종이 어려울 때 적극적으로 돌봐준 공주절도사 김은부는 현종의 장인이 되어 다음 대의 왕들의 외할아버지가 된다. 고려 왕실은 그간 족내혼을 통해 태조 왕건으로부터의 혈통의 순수성을 지켜오는 것을 일종의 사명처럼 여겨왔고 이로써 권력의 유실 즉 외척의 발호를 막는 효과를 거둬왔는데, 이제 현종 대에 처음으로 김은부 집안과의 혼인과 그 자손의 왕위 계승이 이루어지면서 그 불문율은 사실상 깨지게 되었다. 그를 매개로 하여 그의 아내 집안이었던 인주(仁州) 이 씨가 고려 중기를 뜨겁게 달구는 외척의 난이 벌어지게 되는 것은 역사의 아이러니이기도 하다.

그 외에도 위수여, 유진, 조지린, 최사위, 최항, 김심언, 문인위, 장연우, 강한찬, 황보유의, 윤징고, 유방 등이 조정 내의 요직을 두루 차지했다. 현종의 옹립에 있어 공을 세운 이들과 이후에 친현종파로 갈아탄 이들에 대한 공직 배분이었다. 이중 조지린은 관리의 재능은 있었지만 술을 즐기고 노는 것을 좋아하였고 당시에 파벌을 만들어 비난을 받았었는데도 불구하고 무슨 이유에서인지 이때 현종의 눈에 들었다. 아마도 박섬과 같은 사례가 아닐까 싶은데, 현종 특유의 주변 평가를 무시한 독단적인 인사 스타일은 여전히 바뀌지 않았다.

그래도 현종은 이후에 결혼을 통해서 일종의 탕평책을 발휘한다. 그의 공식적인 배필은 총 13명으로, 종실이 3명, 김은부의 세 딸을 포함하여 안산 등 경기 일대 5명, 그리고 청주, 경주, 전주 등 각 지역별로 분산하여 아내를 맞아들였다. 성종의 딸들을 맞아들여 자신의 왕위 정통성을 높이고, 안산 등 중부지역 출신들을 맞이해 자신의 권력 창출과 안정에 기여한 지역을 배려하였으며, 경주와 전주는 각각 구 신라와 후백제 지역에 대한 안배였다. 마치 태조 왕건이 지역별 혼인 전략을 통해 고려의 안정을 꾀했던 것을 연상케 하는 일이다. 몇 년 후 고구려, 백제, 신라의 사당을 수리하고 운영방식을 확립하는 것으로 보아 거란과의 전쟁으로 인해 분열된 국론을 하나로 모으는 작업이 절실하였음을 스스로 체감하고 추진하였던 것으로 보인다.

그러면 거란 군의 퇴각 시 같이 붙잡혀갔던 하공진은 어떻게 되었을까? 1011년 12월, 안타깝게도 그는 요나라에서 살해당하고 말았다. 4월, 8월, 10월, 11월 연달아 고려에서는 요나라에 사신을 파견하였지만 하공진을 구해내는 데에는 역부족이 아니었나 싶다. 요나라에서는 이후에도 지속적으로 강동 6주의 이양을 요구하는 상황이었고 가뜩이나 외교적 마찰이 심각해져가고 있던 상황이어서 적극적으로 억류된 사신들을 구출해내기는 물리적으로 매우 힘든 것도 사실이긴 했다. 그뿐만 아니라 진적, 이예윤, 왕동영, 윤여, 왕좌섬 등 이보다 앞서 요나라에 사신으로 갔던 이들조차도 아직까지 귀국하지 못하고 붙잡혀 있는 처지였다. 그러나 다른 한편으로는 혹 군이 일부러 구하려고 들지 않았던 것은 아니었을까 하는 생각도 든다. 적극적으로 고려 사신의 송환을 요구하는 모습이 전혀 발견되지 않기 때문이다.

어쨌거나 하공진은 거란 군에 붙잡혀 있을 때 내심 고려로 돌아갈 것을 생각해서 겉으로는 요나라에 충성스럽고 근실함을 보였고 그게 성종에게 어필되어서 매우 후한 대우를 받을 수 있었다. 하공진은 고영기와 비밀리에 귀국 계획을 모의하였다. 어느 날 이들은 성종에게 한 가지 제안을 하였다.

"고려가 이미 멸망하였으니 군사를 거느리고 가서 점검하고 오겠습니다."

다행히 성종의 승낙은 얻었지만, 현종이 수도 개경에 들어갔다는 보고를 받고는 성종은 말을 바꾸어 고영기는 요나라 중경(中京)에, 하공진은 연경(燕京)으로 보내서 둘 다 모두 양가의 규수를 아내로 맞이하게 하였다. 말 그대로 요나라에 영구히 붙잡아두겠다는 심산이었다.

하공진은 우수한 말들을 많이 사들여서 동로(東路)에 배치하고는 고려로 돌아갈 계획을 세웠는데, 누군가가 이를 알아채고 밀고하였다. 이를 보고받은 성종이 심문하니 하공진이 솔직히 사실대로 대답했다.

"제가 고려에 대해서는 감히 배반할 마음을 가질 수 없습니다. 만 번을 죽더라도 살아서 요나라를 섬기지는 않겠습니다."

성종은 이를 의롭게 여겨 하공진의 배신을 용서하겠으니 그 절개 그대로 자신에게 충성할 것을 재차 설득하였으나 하공진은 끝까지 변절을 거부하였다. 기어코 성종은 그를 죽이고 말았다. 마치 그가 따랐던 강조의 최후를 똑같이 연상케 하는 기개였다. 붙잡혀간지 딱 1년만의 일이었다.

현종은 한참 후인 1025년에 가서야 하공진의 아들 하칙충(河則忠)의 벼슬을 올려주는 것으로 보답을 하는데, 늦어도 너무 늦었다는 느낌이다. 현종 입장에서는 자신을 가까이서 모신 지채문은 챙길

여유가 있어도 거리가 멀어져 마음도 같이 멀어진 하공진은 그렇게 급할 것 없다고 생각했던 것일까.

끝으로, 당근이 주어지긴 하였으나 너무 적거나 오히려 빼앗겨서 문제가 된 경우가 있었다. 바로 무신란이 바로 그것이었다. 문제의 원인은 현종 자신이 제공했다.

거란과의 전쟁이 끝난 이후인 1014년 11월, 앞서 강조의 본영이 격파당한 후 기습부대로 거란 군을 막아내는 공을 세운 장군 김훈과 거란의 대군 앞에 풍전등화와 같았던 통주성을 용감히 지켜낸 최질이 주축이 되어 무신정변을 일으켰다.

이들이 난을 일으킨 사유는, 첫째 제2차 거란-고려 전쟁 이후 군인의 수효를 더 늘리자 관료들의 녹봉이 부족해졌고 이에 대해 황보유의 등이 건의하여 경군(京軍) 즉 수도방어군의 토지(永業田)를 빼앗아 관료들의 녹봉에 충당시키는 바람에 무관들의 상대적 박탈감이 커졌다는 것과, 둘째 최질 등 전쟁에서 세운 공로로 여러 번 무관으로서 승진은 하였지만 문관 자리를 얻지는 못한 것 때문에 불만이 쌓여갔다는 점이었다. 이는 무엇보다도 현종 본인이 무(武)보다는 문(文)을 추앙했던 인물이었기에 발생한 문제였다. 스스로 국방의 중요성을 절감하여 국경이 군인을 늘린 것은 절반의 조치였을 뿐이다. 이와 별개로 무관보다 문관을 우선시하는 기본적인 주관이 있었기에 조정 안에서도 무관 차별이 공공연하게 있었고, 그것이 무신정변으로 폭발하게 된 것이니 현종이 누구를 탓할 수 있겠는가.

김훈과 최질 및 박성, 이협, 이상, 이섬, 석방현, 최가정, 공문, 임맹 등의 무관들은 수도방어군인 6위(衛)의 군대를 거느리고 궁성에 난입하여 당시 중추원사 장연우와 중추원의 일직 황보유의를 결박해 거의 죽지 않을 만큼 폭행을 가했다. 그리고는 편전의 합문 안으로 들어가 현종과 직접 담판을 지었다.

"황보유의 등이 우리의 전지를 빼앗은 것은 실로 자기의 이익을 도모한 것이지 공적인 이익을 추구한 것이 절대 아닙니다. 만약 발뒤꿈치를 잘라 신에 맞게 한다면 몸이 어찌되겠습니까? 모든 군사가 분함과 원망을 견디지 못하니 부디 나라의 좀을 제거하여 여러 사람의 마음을 시원하게 풀어주십시오."

현종도 무력 앞에서는 어쩔 수가 없었다. 결국 장연우와 황보유의를 귀양 보내었고, 이후 사면령을 내릴 때에도 이 둘은 대상에서 제외하는 조치를 취했다. 그리고는 쿠데타 이틀 후에 김훈 등 상급 무관들에게 모두 문관을 겸할 수 있도록 해주었다. 무관들의 오랜 숙원을 풀어준 것이었다. 더 나아가 문관 중심의 어사대와 삼사 대신 금오대와 도정서가 설치되었다. 문관들 대신 무관들이 감찰권과 재정권 등의 핵심권력을 틀어쥐겠다는 신호였다.

하지만 현종도 남몰래 칼을 갈았다. 해가 바뀌어 1015년이 되었고 이해 3월에 현종은 서경으로 행차를 하였다. 이곳 장락궁에서 여러 신하들을 대동하여 잔치를 열었는데, 이때 수행하여 따라온 김훈, 최질, 이협, 최가정, 석방현, 이섬, 김정열, 효암, 임맹, 그리고 무관은 아니지만 최질과 가까웠던 최귀 등 무신정권의 핵심인물 19명이 취한 틈을 타 서경 군사들을 동원해 습격해서 일거에 사살하였다.

사실 이보다 앞서 전임 화주방어사 이자림과 서경 출신인 중추원 일직 김맹이 쿠데타 진압 아이디어를 냈고, 현종이 서경에서 인심을 얻고 있던 이자림을 서경유수 판관으로 임명해 사전에 가서 미리 거사를 준비토록 한 것이 이날 성공한 것이었다. 이때의 이자림이 곧 후대의 이가도, 곧 왕가도였다. 그는 현종의 배향공신 중 한 명이 된다.

이로써 불과 4개월 만에 무신정권은 소멸했고, 얼마 후 현종은 마치 아무 일도 없었던 것처럼 무관들이 한 일들을 모조리 원점으로 돌려버렸다. 물론 장연우와 황보유의도 귀양에서 풀려났다.

이때의 무신정변은 100년도 더 후의 1170년에 일어나는 무신정권의 전조와도 같은 사건이었다. 이들이 요구했던 가장 큰 이유가 바로 무관이 문관을 겸임할 수 있도록 해달라는 것이었고, 이는 바로 1170년의 무신정권과 상황과 거의 그대로 맞닿아 있기 때문이다. 이후 현종은 공적이 있는 무관들에 대한 처우를 개선하는 모습을 일부 보이기는 하였지만 근본적으로 문관과 무관의 균형을 바로잡는 데까지는 나아가지 못했고, 그것이 결국에는 미래의 불행한 사건에 대한 단초를 제공하게 된다.

9장 강조 그 이후

1013년 9월 27일, 수찬관(修撰官) 임명 발표가 있었다. 이 관직은 역사를 기록하는 것이 임무였다. 그 명단은 다음과 같다.

🎗 감수국사(監修國史) : 이부상서(정3품) 참지정사(종2품) 최항

🎗 수국사(修國史) : 예부상서(정3품) 김심언

🎗 수찬관(修撰官) : 예부시랑(정4품) 주저, 내사사인(종4품) 윤징고, 시어사(종5품) 황주량, 우습유(종5품) 최충

우리가 알고 있는 인물들이 많이 등장한다. 우선 최항은 현종 옹립의 공이 있는 자로, 처음에는 채충순보다 밀렸지만 차츰 역전하여 이제는 가장 우선되는 자리에 올랐다. 김심언(金審言, ?~1018)은 강조의 쿠데타 후 있었던 인사발령에서 최항과 함께 좌산기상시, 우산기상시를 나란히 맡은 인물이었고 현종 치세에 요직인 서경유수까지 올랐으니 역시 친현종파로 분류되는 인물이다.

주저는 앞서 설명했던 것처럼 귀화인인데 현종의 피난 시 끝까지

수행하여 충성심을 잘 보여주었고, 윤징고(尹徵古, ?~1021)는 강조 밑에서 거란 군과 전투를 벌이긴 하였으나 이후 현종의 아버지 안종의 유해를 모셔오는 역할을 맡는 등 친현종파의 면모를 보여준다.

황주량(黃周亮, 983~1046)은 목종 때인 1004년에 과거에 장원급제한 수재로 아마도 이때는 실무자 자격으로 참여한 것으로 보인다. 최충(崔忠, 984~1068) 역시 이때 나이 30세로 황주량 바로 다음 해인 1005년에 똑같이 장원급제하여 마찬가지로 실무자로서 국사 편찬에 참여하였을 것이다.

특이한 점은 이때부터 작업이 시작되어 현종의 아들대인 제9대 덕종 치세 때 황주량이 수국사가 되어 편찬을 마무리하게 된다. 무려 20년에 걸쳐 진행된 대작업이었다. 이것이 바로 태조부터 목종까지의 『칠대실록』으로, 총 36권으로 이루어졌다고 한다. 그리고 최충은 황주량의 뒤를 이어 덕종의 동생이자 현종의 둘째아들인 제10대 정종 때에 수국사(修國史)가 되어 『현종실록』의 편찬에 재차 관여하게 된다.

정리하자면 실무자 두 명은 우선 제외하더라도 역사편찬이라는 중차대한 임무를 맡은 고위급 인사들이 모두 친현종파 출신이라는 것이 눈에 띄며, 이들이 조직적으로 현종 띄우기를 하면서 왕위 계승의 정당성 확보를 위해 이전 정권인 목종과 천추태후는 최대한 깎아내리고 공신이면서도 정치적으로는 잠재적 경쟁관계였던 강조는 아예 기록을 들어내 버리는 작업이 공공연히 이루어지게 된 것이었다.

황주량은 그래도 거란 군의 공격에 불타버린 고려 초기의 역사를 복원하기 위해 직접 발로 뛰며 자료를 수집하고 정리한 공은 인정할 만하지만, 최충은 『현종실록』에서 현종에 대한 평가를 남기면서 목종은 폄훼하고 현종은 극찬을 하는 노골적인 친현종 성향을 보인다. 그가 현종 및 그 아들 대에 관리로서 현달하였기 때문에 최고 존엄의 눈치를 본 것일 수도 있지만, 그보다는 문하시중까지 올라 더 이상 오를 곳이 없을 만큼 사회적으로 성공한 그였고 해동공자라 불리고 유명한 문헌공도를 연 인물이었던 만큼 본인이 믿는 바대로 행한 것이 아닐까 싶다. 즉 현종 이후로 고려사회가 다시 한 번 부흥의 길로 들어섰고 이를 안정화시키는 것을 중시 여겼던 보수적인 가치관에 입각해 현종에 반대되는 세력들은 전부 역사적으로 축소시키거나 일부 왜곡시키는 방향으로 현종의 치세를 완벽한 시대로 만들고자 하였던 것은 아니었을까?

이렇게 보면 자연스럽게 최항을 비롯한 친현종파들이 자신들도 개입되어 있는 역사의 치부를 먼저 최대한 가렸고, 보수적인 최충이 끝으로 자신의 주관대로 현종 정권의 정당성을 최대한 성공적으로 치장함으로써 고려 초기의 역사가 그럴 듯하게 완성된 것으로 이해할 수 있을 것이다.

이 과정에서 지금의 현종을 있게 하였던 공신이면서도 동시에 그렇기 때문에 더욱 더 현종에게 위협적일 수밖에 없었던 강조는 어쩔 수 없이 혹은 고의적으로 왜곡과 삭제될 운명에 처할 수밖에 없었으리라 생각된다. 바로 동시대를 살았던 인물들이 뻔히 살아 있는 데 그 개인에 대한 정보나 집안이 통째로 지워진 것이라든지, 앞뒤가 모순되는 기록들이 버젓이 존재하게 된 데에서 그런 의심이 자연스럽게 들게 된다.

왜 이때의 역사서는 편파적으로 작성되었다는 의심을 받는 것일까? 가장 대표적인 사례를 들자면, 거란이 개경까지 일사천리로 침공해 들어왔을 때의 현종의 행동을 보면 된다. 그는 마치 임진왜란 당시의 선조와 큰 차이가 없는 행동을 보인다. 국경지대가 말 그대로 초토화되어 지휘체계가 붕괴된 상황에서 제대로 된 대응조치도 하지 못하고 일신의 안위를 위해 뒤도 안돌아보고 도망치기 급급했던 한 나라의 국왕의 모습 말이다. 현종이 나주까지 피난을 가는 동안 그가 국방을 위해 지시를 내리는 기록은 단 한 마디도 찾아볼 수가 없다. 항복이냐 파천이냐 만이 그의 관심사였으며, 심지어 임신한 아내까지 도중에 버려버리는 파렴치한 모습을 보이고 만다. 참으로 결함 많은 인간적인 모습을 한 현종이다.

그에 반해 포로로 잡혀 변절을 강요하는 요나라 성종 앞에서 강조는 자신은 고려인으로서 조국을 결코 배신할 수 없다며 모진 고문 끝에 죽음을 맞이한다. 그의 후임인 양규는 하루에도 몇 차례씩 거란 군과 치열한 격전을 벌여가며 포로로 끌려가는 고려인 3만여 명을 구해내고는 최후에는 자신의 몸을 던져 거란 군에 항전했다. 뿐인가, 강조와 한편이었던 하공진은 고려를 구해내기 위해 자신의 안전은 뒤로 하고 거란 군에 직접 찾아들어가 서희만큼의 탁월한 협상력을 벌여 거란 군을 뒤로 물러나게 한 혁혁한 공을 세운 다음 역시 강조처럼 요나라로의 귀순을 종용받지만 마찬가지로 끝내 거부하다가 비참하게 죽고 만다.

현종과 강조는 이렇게 달랐다. 구국의 영웅 이순신이나 의병 곽재우가 조선의 국왕 선조에 의해 어떤 취급을 받았는지 다시 한 번 상기해보자. 권력을 갈망하는 자에게는 자신의 권력에 흠집이 되거나 도전을 해올 일말의 가능성이 있는 이들은 모두 적이다. 가장 비중이 컸던 강조는 역사 기록의 조작으로 단죄를 해버렸고, 이미 죽은 양규는 더 이상 위협이 되지 않으니 대충 놔두었으며, 혹 돌아올지 모르던 하공진은 사실상 1년 동안이나 방치했다가 그의 죽음 이후에도 합당한 대우를 하지 않았다. 이중 강조는 지나치다 싶을 정도로 쿠데타 결행부터 목종 시해에 이르기까지 '주어'로 반복되어 나오는데, 아무리 봐도 반역과 국왕 시해의 책임을 이미 세상을 떠난 강조에게 모조리 떠넘겨버린 것으로 기록을 조작한 것처럼 느껴진다. 그리고 오히려 전쟁 기간 도중 현종을 끝까지 수행했던 이들만 권력의 정점에 올려줘 충성의 대가란 이런 것이라는 교훈만 다시 한 번 남겨줬을 뿐이었다.

그렇게 역사기록은 남는다. 권력자의 입맛에 맞게 편집·각색된 역사기록은 있는 그대로의 사실을 말끔히 표백하여 보여주고 싶은 현실로 탈바꿈시켰다. 거란과의 전쟁기록보다 현종의 피난기록이 더 많이 남아 있는 이 불편한 진실은 거꾸로 역사적 사실이란 것이 얼마나 허망한 것인지를 잘 보여준다. 고로 우리는 가려지고 지워진 역사를 각고의 노력을 통해 되찾고 정확한 역사적 판단을 통해 재평가하는 작업을 게을리 해서는 결코 안 된다. 그들이 감추고 싶어 했던 진실은 무엇인지를 밝혀내면 낼수록 이를 지켜본 이들에 의해 우리 다음의 역사도 좀 더 역사적 실체에 가깝게 기록으로 남을 수 있기 때문이다. 역사는 자신을 지켜보는 눈을 가장 두려워하기 마련이다.

현종은 전쟁 기간 동안 실추되어버린 국왕으로서의 권위를 찾는 일에 적극 나섰다. 첫 번째는 궁궐이었다. 지금의 개성에는 만월대(滿月臺)라고 부르는 회경전과 그 일대의 터가 남아 있는데 안타깝게도 건물들은 고려 말에 이미 무너져서 오늘날 볼 수는 없다. 그 회경전을 완성한 이가 바로 현종이다. 회경전이 있기 전까지만 해도 건덕전이 정전의 기능을 하였으나, 회경전이 지어진 다음에는 제1정전이 회경전이 되고 건덕전은 제2정전으로 우선순위가 바뀌게 된다.

현종은 1011년 10월부터 1014년 1월에 1차, 1020년 8월부터 1023년 8월까지 2차, 총 두 차례에 걸쳐 기존 궁궐들의 대대적인 복구와 새로운 궁궐들의 건축을 진행했다. 이를 통해 오늘날 우리가 알고 있는 개성의 고려궁궐의 형태가 잡히게 되었다.

크게 궁전은 안쪽의 궁성과 바깥쪽의 황성으로 구분되는데, 황성의 정문인 광화문부터 궁성의 정문 승평문을 거쳐 차례대로 신봉루, 창합문, 회경전의 전문을 거처 회경전에 이르게 되는 구조였다. 이렇게 총 5개의 문을 거쳐야 정전에 다다르게 되는 방식은 바로 황제국 체제를 의미했다. 현종은 자신의 선대인 광종과 그 이전의 태조부터 이어진 고려의 제국화를 꿈꾸었고, 부분적으로나마 이렇게 그 꿈을 이루었다.

오늘날 회경전은 물론 나머지 궁전들도 모두 직접 눈으로 볼 수는 없지만, 북한의 고려박물관에 재현된 회경전의 구조를 보면 참으로 놀라울 정도로 그 웅장한 규모에 감탄을 금할 수가 없다. 통일이 이루어진다면 언젠가 그 궁전들이 복원되어 다시 한 번 세워지기를 바라마지 않는다.

두 번째는 방어시설의 확충이었다. 나성은 앞서 한번 설명한 것처럼 강조 때 구상이 되어서 강한찬의 제안에 의해 구체화되었고, 이후에 왕가도로 이름을 바꾸게 되는 참지정사 이가도의 주도 아래 장정 238,938명과 기술자 8,450명이 동원되어 처음 구상되었을 때로부터는 21년, 본격적인 축성에 들어간 지로는 10년 만에 완성이 되었다. 2차 궁전 건축과 나성 축조의 공으로 이가도는 왕가의 성인 왕씨가 되었고 공신의 위치까지 오를 수 있었다.

이 나성의 완성으로 개경은 중앙의 궁성과 이를 둘러싼 황성, 그리고 외곽을 크게 아우르고 있는 나성의 3중 성 체제가 되었다. 총 길이 23킬로미터로 동아시아 최대의 규모였으니 당대 고려인들의 자부심이 얼마나 대단했을지 상상해볼 수 있겠다.

나성의 완공 전까지만 해도 고려의 수도 개경은 여전히 안보에 취약했다. 1차전에 참전했던 소손녕의 형이자 2차전 때도 참전하여 개경 함락에 공을 세운 바 있는 소배압이 거란 군 10만 대군을 이끌고 재침공한 제3차 거란-고려 전쟁(1018년 12월~1019년 2월) 때에도 고려 사회는 패닉에 빠졌었다. 수차례 거란 군이 고려의 국경을 넘었었지만 이때는 개경 100리 밖까지 근접해왔었기 때문에 매우 위험한 상황이었다. 다행히 71세 노령의 고려군 총사령관 강한찬과 부사령관 강민첨, 그리고 불의에 거란 군을 급습하여 승기를 굳힌 김종현 등이 분전하여 최종적으로 귀주에서 완승을 거둠으로써 고려는 다시 그 생명이 연장될 수 있었다. 그런 위기상황들을 딛고 국력을 기울여 나성을 완성하였으니 고려는 이제 최소한 수도에서의 안전은 확보가 된 셈이었다.

이와 같이 고려의 중흥을 맞이할 준비를 마친 현종은 주변국 백성들의 이민 행렬을 목도하게 된다. 송나라, 요나라, 여진족은 물론 발해유민의 홍요국, 일본, 그리고 지금의 제주도인 탐라국까지 고려로의 귀부를 희망했다. 고려 사회의 안정은 다사다난하긴 했지만 현종 체제 하에서 이루어진 것은 사실이다.

그리고 현종은 자신의 오랜 숙원인 불행했던 부모의 복권에 나선다. 앞서 아버지는 안종으로, 어머니는 효숙왕태후로 추존하였다는 것은 보았고, 그 이후에도 줄곧 자신의 부모를 위해 할 수 있는 모든 것을 하려고 했다. 아버지가 돌아가신 사수현은 사주(泗州)로 승격시키고, 그곳에서 자신을 도와주었던 언효와 효질 두 명에게는 땅을 주어 은혜를 갚았다. 1017년에는 아버지 안종의 관을 개경 가까이로 옮겨와 건릉(乾陵)을 만들었다. 이 프로젝트를 맡은 이가 윤징고와 최항이었다. 역시 친현종파였다.

그는 나아가 부모의 원찰로 현화사(玄化寺)라는 절을 만들기로 결심했다. 이는 단순히 절 하나를 새로 만드는 일이 아니었다. 자신의 고려 왕가로서의 당당한 핏줄을 명실공히 대내외에 선포하는 의미심장한 대단위 사업이었다. 참고로 이 프로젝트 또한 최사위, 황보유의, 유승건, 이영 등의 주도로 이루어졌고 이가도(후의 왕가도)가 사리 500개를 지원하였다. 이영은 존재를 알 수 없고, 유승건은 앞서 전주절도사 조용겸과 함께 피난중인 현종을 위협한 죄가 있었지만 복권되어 완전히 친현종파로 돌아선 것으로 보인다. 즉 이들을 빼면 마찬가지로 오리지널 친현종파에서 주요 작업을 맡은 것이다.

1018년 6월, 비로소 현화사(玄化寺)를 창건하여 돌아가신 아버지와 어머니의 명복을 빌기 위한 바탕으로 삼았다. 그리고는 내사문하성과 상서도성의 거듭되는

< 현화사 석등 - 국립중앙박물관 >

반대를 무릅쓰고 1020년 8월 안서도(安西道)의 둔전 1,240결을 현화사에 시주하였다. 대략 환산해보자면 28만㎡, 즉 8만4천 평이나 되는 어마어마한 규모의 정부 땅을 단 하나의 절을 위해 기부한 셈이다. 이곳에서 생산되는 쌀을 통해 거두어들일 수 있는 세금을 요새 돈으로 환산해보자면 대략 16~7억 원이 넘는 수준이다. 당시의 체감되는 금액 수준은 물론 이보다도 훨씬 컸을 것이다. 이를 두고 부모에 대한 지극한 효심이라고 칭찬하기에는 아무래도 지나치다. 국가의 재정을 자신의 사적 사유로 유용한 것을 탓해야 하지 않을까 하는 생각이다.

그는 이후에도 여러 차례 현화사를 찾았다. 1020년 9월에는 새로 주조한 종을 보러 갔고, 1021년 8월에는 새로 비석을 세운 것을 보러 또 현화사를 방문했다. 심지어 현화사의 승려 법경을 왕사(王師)로 삼아 그 지위를 높여줌으로써 자연히 현화사의 급도 그처럼 높였다. 그의 부모 사랑은 그만큼 지극했다. 참고로 현화사비는 주저와 채충순이 공동 작업을 한 결과물이었다. 이것 역시 당연히 친현종파가 진행한 것이다. 그 외에 이를 찬미하는 글들을 써서 남긴 이들이 강한찬, 이공, 곽원, 손몽주, 그리고 무신정변을 진압하는 공을 세운 김맹 등이었다. 이들은 오리지널은 아니었지만 후에 현종의 측근으로 부상한 인물들로 보인다.

이처럼 현종 옹립의 공이 있는 정권의 실세들 내지 새로 현종의 총애를 받게 된 이들 대부분이 이곳 현화사와 연관되어 있다. 여기에 이름을 올리지 못한 이들은 현종 정권의 이너서클 안에 들지 못한 것이라고 볼 수 있을 정도이다. 그만큼 현종의 부모에게 바쳐진 현화사는 현종 정권의 정당성과 함께 동시에 현종 자신의 정체성의 본질을 담고 있는 그런 상징적인 장소로 자리매김 되었다.

현종에게 현화사는 곧 불운했던 부모를 기리는 곳이었고, 이곳을 통해 자신의 불행했던 어린 시절의 아픔을 치유받는다는 그런 마음의 안정을 얻기 위해 그는 그렇게 무리해가면서까지 현화사 프로젝트를 추진하였던 것이다. 그의 정체성은 전임자인 성종이나 목종에게서가 아니라 친부모인 안종과 효숙왕태후, 즉 헌정왕후로부터 출발하는 것이었다. 부모의 불륜에 기인한 자신의 출생이 곧 그의 힘들었던 어린 시절을 규정하는 가장 근원이 되는 요소였으니, 이것을 바로잡지 않고서는 현종에게 결코 마음의 안식이란 있을 수 없는 일이었다. 그래서 그는 억지스럽지만 부모의 불륜조차 아름다운 결혼으로 치장하는 역사 왜곡을 자행한다. 그에게 있어 부모로부터 이어진 불행은 있는 그대로의 사실로서가 아니라 아름다운 추억으로 꾸며져 기억될 필요가 있었기 때문이다. 그의 국왕으로서의 자존심과 정당성은 비록 분식되었을지라도 모두 그 아름다운 추억에서 기인한 것으로 만들어야 했다. 누구도 아닌 현종 본인의 평온한 안식을 위해서.

현화사 비문의 오류

현종은 자신의 부모님에 대한 그리움이 간절했다. 아마도 너무 일찍 양친을 잃고 외롭게 성장할 수밖에 없었던 측면과 함께 자칫 목숨을 잃을지도 모르는 불안한 환경을 이겨내기 위해 심리적 애착 형성이 그렇게 된 것은 아닐까 짐작된다.

그는 국왕 등극 이후 불운했던 부모님의 명목을 빌기 위해 원찰로 현화사(玄化寺)를 건립하였다. 그리고 현화사에 탑과 함께 비를 세웠는데, 이 비문에는 부모님의 불륜은 전혀 기록되어 있지 않다. 오히려 아름다운 부부이자 주위의 축복을 받았던 금슬 좋은 반려자들로 묘사되어 있는데, 현종이 어렸을 적 마음고생을 하면서 이상적으로 꿈꿔봤을 만한 내용을 반영하여 제작한 것으로 보인다.

예를 들어, 마치 안종이 성종의 배려로 제1차 거란-고려 전쟁 때인 993년 지방으로 피신 간 것처럼 기록되어 있지만 사실 안종은 그 전해인 992년에 이미 귀양 보내진 상태였고, 또한 이때 안종을 따라 어린 현종이 수행해가면서 수발을 들었다고 하는데 이때 현종의 나이 고작 두 살이었는데 물리적으로 말이 안 된다. 이 때문에 학계에서는 현종의 측근인 주저와 채충순이 현종의 심기에 맞추어 마치 그의 부모인 안종과 헌정왕후가 정상적인 결혼생활을 한 것처럼 꾸며낸 것으로 보고 있다. 이와 같은 부모의 신성화를 통한 현종의 왕위 계승 정당성을 확보하는 차원의 작업이었다. 당대의 금석문이라고 해서 모두 사실만을 전달하는 것은 아니라는 점을 분명히 알 수 있는 대목이다.

< 현화사비(탑본) - 국립중앙박물관 >

1029년 봄 1월 초, 천추태후의 병세가 깊어져 위독하다는 소식이 현종에게 전해졌다. 그는 천추태후를 개경의 숭덕궁으로 옮겨오도록 조치했다. 이곳 숭덕궁은 그녀가 어린 시절을 보내고 성장하여 파란만장한 일생을 그리게 된 추억의 장소였다. 그런 그곳으로 천추

태후를 맞이한 것은 현종의 마지막 배려였을까.

그리고 1월 3일, 천추태후는 이곳 숭덕궁에서 세상을 떠났다. 두 아들과 사랑하던 이를 20년 먼저 보낸 한 여인의 굴곡진 인생은 이처럼 조용히 끝났다. 그렇게 그녀의 마지막 나이는 66세가 되었다.

그리고 이어지듯이 불과 2년 후인 1031년 4월 28일, 현종의 건강이 안 좋아졌다. 재위 22년차였지만 아직 육체적인 나이는 40세로 한창 때였으니 설마 하는 마음이 더 컸을 것이다. 그렇게 한 달이 더 지난 5월 25일, 갑자기 병이 위독해졌다. 현종이 몸져누워있던 중광전으로 13살밖에 안된 어린 태자인 첫째아들 왕흠(王欽)을 급히 불러들여 뒷일을 맡기겠다고 하고는 잠시 후 그 역시 세상을 떠났다. 어린 나이에 세상살이의 고단함을 일찍 배우고 한평생 불행했던 부모의 한을 풀어드리기 위해 권력에 대한 강한 욕망을 지니고 살아온 이의 죽음이었다.

그래도 마흔은 죽기에는 너무 젊은 나이였다. 아무래도 근친혼이 만연했던 고려왕가 고유의 유전자 문제로 짐작되는데, 앞서의 성종은 38세, 이전의 경종은 27세에 명이 다했고, 또한 현종의 아들인 덕종은 19세, 정종은 29세에 세상을 떠났으니 집안 대대로의 고질적인 문제였던 것으로 보인다. 그나마 열성 유전자가 발현되지 않은 경우에는 현종의 셋째 아들 문종처럼 장수하는 국왕도 있었으니 다행이라면 다행이었다.

참고로 말하면, 한 연구자의 조사에 따르면 고려시대 국왕의 평균 사망 시 나이는 42세라고 하는데, 반면에 승려는 70세, 귀족은 66세 정도 되었다고 하니 왕가에 아무리 굴곡이 많았다고는 하나 확실히 혈통상의 문제가 존재했던 것은 거의 확실해 보인다.

어쨌든 현종은 젊은 나이였지만 미래를 준비할 줄 알았다. 자신의 죽음까지는 예상하지 못했어도 그는 죽기 직전까지 자신의 치세에서 가장 큰 권력을 행사하던 최사위와 채충순을 최고위직에서 은퇴시키는 조치를 취했다. 둘 다 나이가 들기도 했고 본인들의 사직에 대한 청이 있기도 했지만, 무엇보다도 현종의 의사가 우선이었을 것이다. 최항 등의 공신은 이미 이 세상 사람이 아니었고 이들이 사실상 마지막 남은 공신들이었다. 이는 현종 나름대로 자신의 뒤를 이을 아들을 위한 정지작업이었지 않았을까. 자신의 공신은 자신의 대에서 멈춰야 했다. 그들이 자신의 후대에까지 영향을 미쳐서는 곤란했다. 이것이 바로 권력에 민감했던 현종이 아들 국왕을 위해 해줄 수 있는 마지막 정치적 행위였으리라.

다시 한 번 그의 치세에 대한 고려 당대의 평을 들어보도록 하자.

"… 오랑캐와 화호(和好)를 맺고, 전쟁을 쉬고 문덕(文德)을 닦으며, 부세(賦稅)를 박하게 하고 요역(徭役)을 가볍게 하며, 준수한 인재를 등용하고 정사를 공평하게 하여, 내외(內外)가 평안하고 자주 풍년들었으니, 이른바 옛날에 '하늘이 장차 일으키려 하면 누가 능히 그를 폐하랴?'고 한 말이 어찌 옳지 않겠는가?" (최충)

"문헌공(최충)의 말은 세상에서 이른바 천명(天命)이란 것이다. ⋯ 인군이 천명만 믿고 욕심을 멋대로 부려 법도를 파괴하면, 비록 나라를 얻었을지라도 반드시 잃고 마는 것이다. 그러므로 군자는 세상이 다스려졌을 때에도 장차 요란하게 될까 생각하고, 편안할 때에도 장차 위태하게 될까 생각하여, 종말을 처음과 같이 삼가서 일으켜 준 천명에 보답하는 것이니, 현종 같은 이는 공자가 이른바 '나는 그에게 흠잡을 것이 없다'는 것이다." (이제현)

그는 분명 좋은 왕이 될 자질을 가지고 있었다. 전쟁 이후 고려 사회의 안정은 확실히 그의 치적이다. 그는 평화 시기에 적합한 군주였다. 그러나 이 말인즉슨 그는 난세에는 어울리지 않는 위인이기도 했다는 것이다. 비록 역경을 이겨내고 자신의 꿈을 이뤄낸 것은 가히 칭찬할 만한 일이지만, 어려운 시기에 모략과 술수로 신뢰를 배반하여 국왕에 등극하고, 자신의 지위 보전을 위하여 정치적 책략을 통해 동료와 정적들을 차례차례 제거해가면서 왕권을 강화하였으며, 일신상의 안위를 가장 중요시 여겨 위기상황에서 국정보다 내가 먼저 살아남는 것에만 관심을 가졌고, 자신의 권력 유지를 위해 주위 눈치를 보지 않고 자신을 따르는 이들로 조정을 채우고 충성 경쟁을 조장하여 스스로의 눈을 가린 점, 그리고 사적인 이유로 공적인 일들을 벌였다는 사실은 그의 인간됨의 한계를 보여주는 것이기도 하다.

그러한 점에서 나는 최충의 "하늘이 장차 일으키려 하면 누가 능히 그를 폐하겠느냐"는 말에는 거의 개인적인 능력을 충분히 인정하기에 선뜻 동의할 수 있지만, 이제현의 "그에게 흠잡을 것이 없다."는 말에는 흔쾌히 고개를 끄덕이기 어렵다. 난세가 아니라 치세였다면 그에 대한 평가는 지금보다 훨씬 더 좋았을 것은 분명하다. 평화로운 시기였다면 그가 저토록 인간적인 단점들을 보이면서까지 치열하게 권력욕을 발휘하며 싸울 필요가 없었을 테니까. 하지만 인간의 진정한 모습은 여유로울 때가 아니라 힘들 때 알 수 있다는 점은 유념할 필요가 있겠다.

  1091년은 고려에 천태종을 중흥시킨 대각국사 의천(義天)의 형인 제13대 선종(宣宗) 왕운(王運)의 치세도 어느덧 10년 가까이 되어가던 해였다. 이해 정월의 봄날 어느 날, 거란의 요나라와의 국경지대인 귀주(龜州)에 마침내 병거(兵車)가 새로 배치되었다. 당시 고려 조정에서는 요나라의 재침공이 있을 수 있다는 첩보로 인해 긴장감이 높아지고 있던 상황이어서 중추부사 이안을 귀주에 보내어 성을 수리하고 방어를 강화하고 있던 중이었다. 과거 벌써 대규모 전쟁을 몇 차례 벌인 적 있는 거란이었기에 그 공포감은 특히 컸다. 특히 2차 침공 때의 개경 함락은 그 피해가 유독 커서 고려인들에게는 트라우마로 남아 있었다. 이와 관련해 병마사 유홍이 병거를 제작하여 귀주에 배치하고 거란의 기마병에 대한 방비를 하겠다는 계획을 상신하여 국왕의 제가를 얻어 이와 같이 준비하게 된 것이었다.

  이에 대해 조선시대 『동사강목』의 저자 안정복이 다음과 같이 개인의견을 남긴 것이 오늘날 전해진다.

"우리나라가 방비해야 할 곳은 남쪽의 왜(倭)와 북쪽의 오랑캐인데, 왜를 막는 것은 수군보다 좋은 것이 없고 오랑캐를 막는 데는 수레를 이용하는 것이 가장 좋을 것이다. 옛 사람들이 병거(兵車)의 유익함을 주장해왔던 것은 물론이거니와, 오랑캐가 기병으로 공격해오면 수레가 아니라면 무슨 수로 막아낼 수 있겠는가? 강조는 검차(劍車)로 거란을 선주(宣州)에서 쳐부수었는데, 이제 유홍도 마찬가지로 병거를 만들어 귀주에 배치할 것은 제안한 것이다. 우리나라는 지세가 험해서 전국적으로 활용할 수는 없겠지만, 예를 들어 북도의 6진과 함흥이나, 서로의 의주, 안주, 평양 등지 그리고 기타 번진 중 지형이 수레를 쓰기에 적합한 곳이라면 적절한 수량만큼 제작해서 준비해두었다가 유사시에 투입한다면 어떨까 한다."

안정복은 몇 안 되는 강조에 대한 연민을 가지고 있던 인물이었다. 그는 강조가 현종을 대신해 희생한 것도 알고 있었고 이처럼 그의 군사적 능력도 충분히 인정할 줄 알았다. 현대의 역사가들은 그저 역사서에 기록된 대로 강조를 한낱 야심가로 치부할 뿐이지만 최소한 안정복은 그의 명예를 인식하고 있었다.

지금은 많은 이들에게 잊혀져버린 존재이지만 자신의 목숨까지 바쳐가며 국가를 지키기 위해 헌신했고, 짧은 시간 동안 국가의 개조를 위해 많은 노력을 기울였으며, 자신의 뜻과 맞지 않는 인물이라 할지라도 과감히 등용할 줄 알았으며, 끝내 국왕에 의해 내쳐지게 되더라도 불평불만 없이 희생을 한 위인이 바로 강조였다. 늦었지만 그의 역사적 실체와 진가를 오늘날 되살려 오랜 기간 잘못 전해져 온 명예를 회복하는 것으로 대신 천 년 전의 명복을 빈다. 고려의 진정한 애국자 강조에게 사후에도 평화가 함께 하기를.

어떤 심리학자는 박근혜 대통령의 무의식적 발언(Freudian Slip)이나 유체이탈 화법 등을 분석하여 대통령을 하기 싫은, 그러나 보수적 상품가치 때문에 대통령으로 만들어진 위인이라고 해서 조선시대의 '연산군'에 빗댄 적이 있습니다. 하지만 저는 생각이 조금 다릅니다. 아마도 그 심리학자는 조선시대에 대한 정보가 많으니 비교대상을 조선시대의 왕 중에서 찾느라 연산군을 주목하였던 모양이지만, 이 둘은 처한 상황과 대응 방식이 좀 달랐습니다. 그보다는 비교대상 층을 좀 더 넓혀서 찾아보았어야 한다는 생각입니다.

오히려 박근혜 대통령은 고려시대의 '현종'(顯宗, 992~1031, 재위 1009~1031)과 많이 닮아 있습니다. 불운했던 어린 시절과 그로 인한 권력에 대한 갈망의 증폭, 재위기간 중 각종 위기상황에 대한 대처 방식이나 왕위계승 후 부모의 복권을 위해 갖은 노력을 다한 점, 그리고 권력 유지에 있어 지나치다 싶을 만큼 강한 집착을 보인 점 등에서 배경 그리고 특히 개인적 성향이 박근혜 대통령과 무척 비슷하다는 생각이 듭니다.

한번 간략히 살펴보겠습니다. 우선 어린 시절 이야기입니다. 현종은 아버지와 어머니의 불륜을 통해 태어난 자식입니다. 아버지는 태조 왕건의 여러 아들 중 한 명인 왕욱이고, 어머니는 왕건의 손녀입니다. 고려시대의 왕가는 근친혼이 기본이었기 때문에 이것 자체는 사실 문제가 되지 않습니다만, 어머니가 사실 이미 태조의 손자이자 광종의 아들인 경종과 이미 한번 결혼한 사이라는 게 문제가 되었습니다. 이미 왕과 결혼했던 여인이 왕가이긴 해도 왕이 아닌 이와 동거하며 아이를 낳게 된 것이어서 스캔들로 불거진 것이었습니다.

이 때문에 당시 고려의 국왕이었던 성종이 이 둘을 떼어놓았고, 충격 때문에 현종의 어머니는 출산과 동시에 죽음의 문턱을 넘게 됩니다. 아버지인 왕욱도 성종에 의해 경남 사천으로 귀양 보내져서 아기 현종은 유모의 손에 의해 키워집니다. 다만 성종 자신도 부모이다 보니 어린 현종을 불쌍히 여겨 얼마 후 아버지의 품에서 클 수 있도록 배려는 해주긴 합니다만, 아버지도 일찍 세상을 떠나 결국 어린 현종은 천애고아로 자라게 됩니다. 아직 어린 나이임에도 세상이 얼마나 살기 힘든 곳인지 그는 빨리 깨닫게 됩니다. 죽음의 원인은 다르지만 양친을 모두 잃게 되는 박 대통령과 조금은 닮아 있지요.

다행히 그는 성종에 의해 다시 궁으로 불러들여져 개경(지금의 개성)으로 돌아오지만, 이번에는 권력욕이 강했던 천추태후에 의해 갖은 핍박을 다 받게 됩니다. 성종 사후 천추태후의 아들 목종이 왕위를 잇는데, 목종이 아들을 갖지 못하자 천추태후는 자신의 또 다른 불륜의 아들을 왕으로 세울 계획을 갖게 되고, 이를 위해 잠재적 경쟁 상대인 현종을 내치려고 합니다. 강제로 출가당해서 승려로 내쫓기기도 하고, 여러 차례 목숨의 위협도 받습니다. 그러면서 점차 각성을 하게 되는데, 살아남기 위해서라도 권력을 쟁취하지 않으면 안되는구나 하는 그런 생각을 가지게 됩니다.

그렇게 생존을 위한 노력을 해오던 중 드디어 기회가 옵니다. 목종과 천추태후의 사이가 벌어지게 되는 틈을 타 채충순, 최항 등의 관료세력과 현종이 결탁하게 됩니다. 궁중에서 권력암투가 극에 달해 서로 상대방에 대한 암살 위협이 횡행하는 와중에 서경에 나가 있던 강조가 군대를 이끌고 개경으로 진입하게 되고 이제 상황은 완전히 돌변합니다. 현종 및 관료세력은 이때 강조와 손을 잡습니다. 당시에는 선거와 투표가 있던 상황이 아니었지만, 보수 세력과 힘을 합쳐 정계에 등장하게 되는 박 대통령과 또 약간은 비슷한 상황입니다.

그렇게 목종과 천추태후를 몰아내고 왕위에 등극한 현종은 아직 자신에게 실권이 크지 않음을 느낍니다. 조정은 무력을 가진 강조와 자신을 추대한 공로로 권력을 나눠가지려는 관료세력이 장악하고 있기 때문입니다. 그는 좀 더 기다려야 했습니다. 그러다 예기치 못하게 그때가 찾아오지요. 거란의 요나라가 현종과 강조의 쿠데타를 문제 삼아 공격해온 것입니다. 이것이 제2차 거란 침공입니다. 대개 1차 때 서희의 강동6주라는 외교협상의 성과나 3차 때 강한찬의 귀주대첩은 그래도 좀 들어봐서 알고는 있지만 2차 전쟁은 잘 모르실 것입니다. 왜냐하면 화려한 전투의 승리 대신 국왕이 나주까지 도망칠 정도로 초유의 국가적 위기를 겪은 상황이었기 때문에 그다지 흥미를 유발할 만한 사안은 아닐 것이기 때문입니다.

국가적 위기상황을 뒤로 한 채 본인만 살겠다고 도망치고, 그리고 전쟁 이후 자신을 버린 이들은 끝까지 기억해서 몰아내고 자신을 따른 이들은 공신으로 만든 이가 바로 현종입니다. 그는 타고난 정치인다운 면모를 보여주는데, 이 위기상황을 이용해 오히려 자신을 추대하는 데 공을 세운 이들 중 무력을 가진 강조 일파를 숙청해버립니다. 그리고 충성 경쟁을 통해 관료세력들 역시 자신의 밑에 줄을 서게 만듭니다.

선조와 이순신의 관계는 다들 잘 아실 텐데요, 현종도 비슷했습니다. 현종은 자신과 반대세력일지라도 전쟁에서 죽은 자는 그래도 잘 챙겨줍니다. 다만 살아 있으면 국가에는 충신이어도 자신에게 정적일 경우 중용하지 않거나 혹은 다른 빌미를 찾아내 내모는 식으로 대응합니다. 그리고 전쟁 와중에 공이 없더라도 자신의 말을 잘 들은 이는 여론의 반대가 있더라도 공신으로 또 대접해줍니다. 기준은 자신에 대한 충성이지 국가가 아닌 것입니다.

한 번은 일부 무신들이 쿠데타를 일으켜 현종을 굴복시키는가 했지만, 바로 이듬해에 연회에 초청하는 형태로 불러들여 일거에 진압해버리는 능수능란한 실력도 발휘합니다. 그의 권력욕은 아무도 당해낼 수가 없었습니다. 그는 자신의 말을 안 듣는 이들은 과감히 내처내는 스타일입니다. 물론 비정한 권력가의 모습은 대개가 다들 비슷하니 누구 하나만 탓하기는 어려울 것 같습니다.

그럼에도 둘의 차이는 분명 존재했습니다. 둘 다 측근에 대한 의 존도가 높았던 것은 공통점이지만, 현종은 최소한 충성도와 활용가 치 측면에서만 측근을 믿고 중용하였습니다. 그래서 끝내 자신의 후 계구도를 정립하기 위해 기존 측근들을 정리할 줄 알았던 것을 보 면 그러한 사실을 쉬이 짐작해볼 수가 있습니다. 하지만 오늘날의 대통령은 측근의 장막에 둘러싸여 사리분별을 제대로 하지 못하고 국정혼란을 자초하고 말았으니, 굳이 비교하자면 자질 측면에서는 분명 현격한 차이가 났다고밖에 표현할 수가 없을 것 같습니다.

어쨌거나 그는 그렇게 왕위에 오르고 국왕으로서 나라를 통치하 는 와중에 불운했던 부모의 명예를 복원하는 일에 착수합니다. 자 신이 왕이 되면 자신의 조상 역시 왕으로 올리는 것을 '추존(追尊)'한 다고 하는데, 아버지는 '안종(安宗)'이라는 왕의 호칭으로 부르고 어 머니는 '효숙왕태후(孝肅王太后)' 즉 왕의 어머니라는 호칭을 부여합니 다. 평생의 한을 푼 것이지요. 이후에도 그의 부모에 대한 애정은 너 무도 애틋해서, 심지어 부모의 명복을 기리는 절도 새로 건립하고 탑과 비문까지 만듭니다. 그 절이 곧 현화사로, 지금의 개성에 있는 '고려박물관'에 그때의 탑과 비가 옮겨져 있다고 합니다.

그런데 이 비문에 나와 있는 내용을 보면 조금 이상한 부분이 있 는데, 부모의 불륜 사실은 사라지고 그 둘의 사랑이 마치 정상적인 부부의 관계인양 아름답게 꾸며져 있다는 사실입니다. 명백한 역사 왜곡이지만 이 비문을 지은 신하들의 고뇌가 저는 느껴집니다. 최고 존엄의 기분은 최대한 상하지 않게 하면서도 동시대인들 누구나 알고 있는 사실을 어찌 최소한도로만 담아낼 것이냐 하는 고민을 아마도 무척 많이 하였을 게 눈에 선합니다. 오늘날이라고 다르지 않겠지요. 청문회에서 5.16이 쿠데타냐 혁명이냐 물었을 때 답변이 죄다 애매모호한 것을 떠올려보면 대충 비슷할 것 같습니다.

현종에게 있어 무엇보다도 중요했던 것은 다름 아닌 바로 부모의 문제였습니다. 불행했던 자신의 어린 시절은 모두 이른 시기에 마찬가지로 불행했던 부모가 세상을 떠났기 때문이고, 그것은 고려사회가 자신에게 가져다준 고난이었습니다. 이를 근본적으로 해소하기 위해서는 자신이 권력을 가지는 수밖에 없다는 사실을 깨닫게 된 것이며, 이를 이룬 다음에 그가 할 수 있는 일은 불운했던 부모의 역사를 최대한 아름답게 꾸미고 그들의 명복을 비는 것뿐이었습니다. 어렸을 적 자아형성기의 그에게 부모의 빈자리가 얼마나 큰 영향을 미쳤을지 미루어 짐작해볼 따름입니다.

끝으로 한 가지 더 언급할 것이 있습니다. 역사교과서 국정화 논란은 다들 잘 아실 것입니다. 우연인지 몰라도 현종 역시 역사책을 새롭게 편찬했습니다. 명분은 지금보다 더 좋았습니다. 왜냐하면 거란의 침공 당시 고려왕조실록들이 불타 없어지면서 어차피 새로 만들어야 했기 때문 입니다. 20년 가까이 공을 들여 태조 왕건부터 바로 자신의 직전 왕인 목종에 이르기까지 역사서를 만든 것이 소위 『칠대실록(七代實錄)』입니다. 지금은 안타깝게도 전해지지 않지만 조선시대에 『고려사(高麗史)』와 『고려사절요(高麗史節要)』라는 압축된 역사서를 만들 때 기본 사료가 된 책입니다. 그의 아들 대에는 문헌공도로 유명한 최충의 주도 아래 『현종실록(顯宗實錄)』도 편찬되어 고려의 초기 역사가 완성되게 됩니다.

우리가 알고 있는 고려 초기의 역사는 이렇게 현종과 그 아들이 만든 역사서에 기반을 둔 것입니다. 최충은 현종대의 역사를 이렇게 평가합니다. 하늘이 일으켜 세우려고 하면 그 누구도 감히 못하게 할 수 없다고 하면서, 현종의 역사가 바로 그러했다고 말입니다. 천명을 받아 이룩한 왕권이 곧 현종의 치세였다는 뜻입니다. 그리고 천추태후는 희대의 악녀요, 그녀의 아들 목종은 잘한 일이라고는 그저 현종에게 왕위를 물려준 것뿐이라고 평합니다. 오늘날의 보수 정권에게 노무현 때는 대한민국의 역사가 아니라고 인식되는 것과 맥이 닿아 있는 것 같이 느껴지는 건 저만의 착각일까요.

참고로 이때의 역사서에는 이상하게도 현종에게 찍힌 이들은 심지어 가족관계나 이력까지 지워지는 희한한 일들이 있습니다. 아예 존재 자체를 지우고 싶었지만 이름까지 지워버리면 앞뒤 문맥이 맞지 않게 되니 선택적으로 최소한만 남겨놓고 마치 나머지는 소각하다시피 지운 듯한 인상입니다. 역사 대신 역사서를 만드는 이들은 그런 유혹을 받지 않을 수가 없는 모양입니다.

자, 여러분은 어떠신가요? 우리의 대통령은 조선의 연산군에 가까울까요, 아니면 고려의 현종에 좀 더 가까울까요?

▣ 도움 준 책들

▶ 현대 서적

- 이이화, 『한국사 이야기 5』, 한길사, 1999년

- 한국생활사박물관 편찬위원회, 『한국생활사박물관 7』, 사계절, 2002년

- 박영규, 『한권으로 읽는 고려왕조실록』, 들녘, 2000년

- KBS 역사스페셜, 『역사스페셜』, 효형출판

- 박종기, 『새로 쓴 5백년 고려사』, 푸른역사, 2008

- 한국역사연구회, 『개경의 생활사』, 휴머니스트, 2007

- 김창현, 『고려 개경의 구조와 그 이념』, 신서원, 2002

- 한국역사연구회, 『고려의 황도 개경』, 창작과비평사, 2002

- 김갑동 외, 『고려의 국왕』, 경인문화사, 2015

- 김갑동 외, 『고려의 왕비』, 경인문화사, 2015

- 김창현, 『고려의 여성과 문화』, 서신원, 2007

- 김용선, 『고려 금석문 연구』, 일조각, 2004

- 김창현, 『천추태후, 역사 그대로』, 푸른역사, 2009

- 김창현, 『광종의 제국』, 푸른역사, 2008

- 김창현, 『고려의 불교와 상도 개경』, 신서원, 2011

- 김창현,『고려 개경의 편제와 궁궐』, 경인문화사, 2011
- 송경록,『북한 향토사학자가 쓴 개성 이야기』, 푸른숲, 2000
- 안주섭,『고려 거란 전쟁』, 경인문화사, 2003
- 정명섭,『고려전쟁 생중계』, 북하우스, 2014
- 임용한,『전쟁과 역사 3』, 혜안, 2008
- 정해은,『고려, 북진을 꿈꾸다』, 플래닛미디어, 2009
- 곽유석,『고려선의 구조와 조선기술』, 민속원, 2012

▶ 당대 자료

▷ 고려

- 제왕운기, 이승휴
- 익재집, 이제현

▷ 조선

- 고려사, 김종서
- 고려사절요, 김종서
- 동사강목, 안정복
- 해동역사, 한치윤
- 신증동국여지승람
- 동국병감

▷ 중국

- 송사

- 요사

- 고려도경, 서긍

- 만주원류고

▷ 금석문

- 교감역주 역대고승비문, 이지관

- 고려 묘지명 집성, 김용선

▶ 참고 사이트

http://gsm.nricp.go.kr (한국금석문 종합영상정보시스템)

http://db.history.go.kr (한국사데이터베이스)

▶ 이미지출처

https://commons.wikimedia.org

http://www.cha.go.kr (문화재청)

http://www.museum.go.kr (국립중앙박물관)

http://kyujanggak.snu.ac.kr (규장각한국학연구원)